UKRAJINA

UKRAJINA

Eine kulinarische Liebeserklärung an die Ukraine

Vom ukrainischen Starkoch

Ievgen Klopotenko

CHRISTIAN

IMPRESSUM

Verantwortlich: Sonya Mayer
Übersetzung aus dem Englischen: Claudia Theis-Passaro (Seite 8–11, 52–105, 156–171) und Franziska Weyer (Seite 12–51, 106–155)
Korrektur: Sabine Thorn
Einbandgestaltung: Regina Degenkolbe
Satz: Helen Garner
Herstellung: Julia Hegele

Text und Rezepte: Ievgen Klopotenko
Redaktionsteam der ukrainischen Originalausgabe: Oleksii Tatianchenko, Hanna Li, Iryna Rudnievska, Yevheniia Ieskova, Olena Liubenko, Olena Parkhomets
Food-Styling: Iryna Rudnievska, Oleksii Tatianchenko
Fotografie: Yuliia Minytska, Yuliia Hamova, Mykola Borysenko
Design: Valeriia Likhachova
Projektleitung: Oleksandra Fidkevych

★★★★★

Sind Sie mit diesem Titel zufrieden? Dann würden wir uns über Ihre Weiterempfehlung freuen.
Erzählen Sie es im Freundeskreis, berichten Sie Ihrem Buchhändler oder bewerten Sie bei Onlinekauf. Und wenn Sie Kritik, Korrekturen, Aktualisierungen haben, freuen wir uns über Ihre Nachricht an: Christian Verlag, Postfach 40 02 09, D-80702 München oder per E-Mail an lektorat@verlagshaus.de

Unser komplettes Programm finden Sie unter www.christian-verlag.de

In diesem Buch wird aus Gründen der besseren Lesbarkeit das generische Maskulinum verwendet. Weibliche und anderweitige Geschlechteridentitäten werden dabei ausdrücklich mitgemeint, soweit es für die Aussage erforderlich ist.

Die Deutsche Nationalbibliothek verzeichnet diese Publikation in der Deutschen Nationalbibliografie; detaillierte bibliografische Daten sind im Internet über http://dnb.d-nb.de abrufbar.

2. Auflage 2023
Die ukrainische Originalausgabe mit dem Titel Звблення їжею. 70 рецептів, які захочеться готувати (»Ukrainian Cuisine in 70 Dishes«) erschien erstmals 2021 bei Knigolove LLC (facebook.com/knygolove • instagram.com/knygolove), Pravdy Avenue 31A, Kyiv, Ukraine 04108

Folgt Ievgen Klopotenko auf Instagram: instagram.com/klopotenko

Printed in Türkiye by Elma Basim

ISBN 978-3-95961-750-5

**ES IST AN DER ZEIT,
DIE KÜCHE DER UKRAINE
ZU ENTDECKEN.
ES LOHNT SICH WIRKLICH!**

INHALT

86 SUPPEN UND BRÜHEN

106 KASHA

120 GEBÄCK

140 DESSERTS

156 GETRÄNKE

172 REGISTER

EINFÜHRUNG

So seltsam es klingen mag, aber die Mehrzahl der heutigen Ukrainer ist hinsichtlich der eigenen Küche geprägt durch negative Stereotypen. Sie mögen Borschtsch und Knödel kennen, aber alles, was darüber hinaus geht, ist ihnen ein Rätsel. Und dieser Mehrheit gehörte ich früher selbst auch an. Zurückführen lässt sich dies auf unsere Geschichte. Die Sowjetunion hat wirklich ihr Bestes gegeben, um nicht nur die ukrainische Küche auszumerzen, sondern auch die ukrainische Weltsicht gleich mit. In dem Moment, als mir das klar wurde, stürzte ich mich ins Recherchieren. Ich war überwältigt von der Vielfalt der ukrainischen Gerichte, die für unsere Vorfahren vor Hunderten von Jahren selbstverständlich waren. Mit jedem Bissen offenbart sich mir die Verbindung zur eigenen Geschichte immer mehr. Also begann ich, anderen Ukrainern davon zu erzählen, um ihnen aufzuzeigen, dass in unseren Herzen die alte Liebe zu ukrainischen Dingen bewahrt und lebendig geblieben ist. Manche halten sie im Dunkeln zurück, angekettet und gefesselt. Bei einigen ist die Liebe gerade erst erwacht und steht durch den langen Schlaf noch auf wackeligen Füßen. Andere wieder haben ihrer Liebe freien Lauf gelassen, sodass sie wachsen, aufblühen und erstarken konnte und ihnen als Inspirationsquelle und als Schutz dient.

Wer seine Wurzeln liebt, ist niemals allein. Man weiß, wofür man lebt, und man weiß, dass andere, die so sind wie du, nur eine Armlänge weit entfernt sind. Man weiß, wo man hingehört, findet Unterstützung. Ja, und es ist einfach ein großartiger Schritt: sich darauf einzulassen, ukrainische Dinge zu lieben und zu schätzen. Geht man diesen Schritt, dann ist alles, was man tut, von diesem Gefühl durchdrungen und versetzt einen in die Lage, etwas Schönes und Gutes zu schaffen.

Nun möchte ich natürlich gern meine persönliche Liebe zu allem, was mit der Ukraine zu tun hat, mit der ganzen Welt teilen. Das kann man machen über die Geschichte des Landes, seine Schriftsteller und seine Biografen oder über unsere wunderbare ukrainische Musik. Mein Weg jedoch ist die ukrainische Küche. Die nationale Küche stellt eine emotionale Verbindung zum Land selbst her. Die Frage lautet an dieser Stelle daher: Was macht die ukrainische Küche aus?

Alle denken bei ukrainischer Küche nur an Borschtsch und Knödel … das war's auch schon. Sie könnten nicht falscher liegen. Es bedurfte etwa vier Jahre, etwa hundert Kochbücher aus verschiedenen Epochen, eine Reise durch das ganze Land und Gespräche mit zahllosen Historikern, um mir mein eigenes Verständnis und mein eigenes Gefühl der ukrainischen Küche zu bilden. Und hier meine Schlüsse daraus, die ich euch nicht vorenthalten möchte. Erstens, die folgenden drei Produkte sind sozusagen Teil unserer DNA: Zuckerrübe, selbst gepresstes Sonnenblumenöl und Rote-Bete-Kwas. Versuche einmal, dir den vollen, süßen Geschmack einer gebackenen Zuckerrübe vorzustellen? Richtig, es ist, als würde man von Gott auf den Mund geküsst.

Zweitens, die ukrainische Küche ist sehr viel vielseitiger, als man gemeinhin denken mag. Wir kennen gerade einmal 15 Prozent davon. Es ist geradezu unglaublich, dass wir so viele Jahre vergeudet haben, ohne uns die Mühe zu machen, sie zu entdecken. Wir hatten allgemein eine sehr oberflächliche Vorstellung von ukrainischer Küche, dabei ist sie überraschend viel tiefgründiger, seriöser und weniger klischeehaft, als man meinen könnte. Koche fünf beliebige Gerichte aus diesem Buch und du wirst die Freude und die Aufregung nachvollziehen können. Sie machen einfach süchtig. Es ist, wie einer Frau zu begegnen, in der man ertrinken möchte. Sie ist etwas älter, absolut einnehmend, verfügt über tiefe Weisheiten und enorme Energie, sie lässt dich wie eine etwas bessere Version deines Ichs fühlen, ohne wirklich etwas Konkretes zu tun.

Ukrainische Küche ist ein großartiges historisches Zeugnis ukrainischer Vergangenheit und Gegenwart. Manche der Gerichte entstammen anderen Kulturkreisen und einige von ihnen sind auch in diesem Buch enthalten. Sie werden dein Herz geradezu erwärmen, das kann ich versprechen, jedes einzelne Gericht.

Dieses Buch stellt dir die ukrainische Küche vor. Sie ist lecker, aber das ist nicht der einzige Grund, warum es wichtig ist, sie kennenzulernen. Die ukrainische Küche trägt dazu bei, die Ukrainer als eine Nation begreifen zu können. Es ist, als würde man sich auf eine Reise begeben, nur dass man dazu nicht in ein Flugzeug steigen muss oder Eintrittskarten für ein Museum kauft. Koche und koste und du wirst es selbst erleben. Die Küche eines jeden Landes verkörpert dessen Kultur und dessen Werte, denn sie zeigt im Wesentlichen das kulinarische Porträt des Landes. Dieses Buch ist nicht einfach eine Sammlung von 70 Rezepten, dies sind 70 Geschichten einer Nation, die über Jahrhunderte unter Verfolgung gelitten hat. Trotz alldem ist es meinem Land gelungen, seine Identität und seine Unabhängigkeit zu bewahren, aber erst jetzt lernt es auch, stolz auf sich zu sein. Stolz auf seine Sprache, seine Geschichte und seine Küche.

Ukrainisch lesen, hören, kochen, fühlen. Das ist der Grund, warum ich dieses Buch geschrieben habe: Um jedem Einzelnen über das Essen die Ukraine nahezubringen.

Mit der Ukraine in meinem Herzen und auf meiner Zunge, Ievgen Klopotenko.

UKRAINISCHE ZUTATEN

Unsere ukrainischen Zutaten sind etwas Besonderes, auch wenn es den Ukrainern selbst gar nicht so sehr bewusst ist, welch ein Glück sie haben. Man nimmt es alles als gegeben. Ja, andere Länder mögen ähnliche Zutaten haben, ihr ukrainisches Pendant aber ist ziemlich einzigartig. Mein Streben ist, meinen Landsleuten aufzuzeigen, wie spannend und vielfältig all diese Dinge geschmacklich sind. Wie ich das erreichen kann? Ich sage ihnen: Wenn du Karotten kaufst, dann denke nicht, dass dies einfach ein bescheidenes, ödes Gemüse ist, das klein geschnitten in eine Suppe kommt und anschließend weggeworfen wird. Ganz und gar nicht. Kein Gemüse hat so etwas verdient. Wenn du auf dem Markt bist, nimm eine Karotte in die Hand. Sage Hallo zu ihr (leise). Sage: »Hallo, Karotte. Bist du nicht etwas Wunderbares?« Stelle dir vor, dass dies die beste Karotte ist, die du je im Leben gesehen hast. Zwar wird die Karotte nicht antworten, aber dieses Gedankenspiel schafft die richtige Einstellung. Stelle dir ihren Geschmack vor. Süß, knackig, saftig. Überlege dir, wie du sie gerne kochen würdest. Mit einer Orange? Mit Rosmarin? Hättest du sie gern karamellisiert? Zeige ihr dein Interesse. Überlege dir einmal, wie viel Mühe dahintersteckt, jene Karotte wachsen zu lassen: Damit meine ich nicht einmal nur die menschlichen Anstrengungen, sondern die der Natur als Ganzes. Ist das nicht ein wahres Wunder? Man sät sie aus und dann sorgen Sonne, Regen und Boden dafür, etwas unvorstellbar Leckeres wachsen zu lassen. Und das gilt natürlich nicht nur für Karotten, sondern für alle Produkte. Rote Bete? Schluss damit, die Arme immer nur zu kochen, ich bitte dich. Ab in den Ofen damit. Auch roh kann man sie essen, dann lässt sich feine Süße besonders gut wahrnehmen. Oder nimm Kartoffeln zum Beispiel. Auf dem Markt würdigt man sie meistens doch kaum eines Blickes. Moment mal bitte. Kaufe sie, bringe sie nach Hause, schneide sie in Scheiben, röste sie im Ofen und esse sie mit Petersilie, Zitrone und Senf. Lasse dich auf aromatische, selbst gepresste Öle ein und lerne ihr verführerisches Aroma schätzen.

Ich wünsche mir, dass die Ukrainer die Früchte ihres Bodens mit Respekt behandeln. Ich selbst sprühe vor Begeisterung, wenn ich auf einem Bauernmarkt bin. Es ist, wie sich zu verlieben. Alles so aromatisch, so frisch, so kostbar. Mein Herz springt mir fast aus der Brust. Mir ist schwindelig. Ein herrliches Gefühl. Ich liebe es, mir vorzustellen, wie ich das Gemüse waschen werde, schneiden, kochen, essen ...

Ich bin von Dankbarkeit erfüllt, denn ukrainisches Gemüse, Obst und andere Lebensmittel gehören zu den besten der Welt. Und die Ukrainer können sich glücklich schätzen, all dies in ihrer Umgebung zu finden.

FLEISCH

Früher galt Fleisch als großer Luxus, der nur selten auf den Tisch kam. Zum einen, weil die gläubigen orthodoxen Christen in der Ukraine ungefähr sechs Monate pro Jahr fasteten und zum anderen, weil nur die Reichen genug Geld hatten, um regelmäßig Fleisch essen zu können. Für den Rest der Bevölkerung gab es nur an hohen Feiertagen Fleisch. Man nimmt daher an, dass sich Ukrainer bis Mitte des 20. Jahrhunderts überwiegend vegetarisch ernährten. Da sie jedoch Fleisch sehr gerne aßen, nutzten sie jede Gelegenheit, es zu ergattern.

Und heute? Inzwischen ist Fleisch reichlich vorhanden, und wir Ukrainer sind heute leidenschaftliche Fleischesser. Wir essen Fleisch zum Frühstück, zum Mittagessen und zum Abendessen und werden unruhig, sollte unser Fleischkonsum dramatisch sinken. Es scheint fast so, als müssten wir die vergangenen Jahrhunderte wieder wettmachen, denn manchmal essen wir sogar mehrere Fleischgerichte während einer Mahlzeit. Offen gesagt sind wir unzufrieden, wenn wir mal gerade keinerlei Fleisch im Kühlschrank haben. Überwiegend bevorraten wir Fleisch von domestizierten Tieren: Unsere Favoriten sind eindeutig Geflügel, Rindfleisch und Schweinefleisch. Meist rösten wir das Fleisch, so wie wir es von unseren Ahnen übernommen haben, die alles im Ofen zubereiteten. Ich bekomme Gänsehaut, wenn ich nur daran denke, dass diese Verbindung die Grenzen von Zeit und Raum überdauert hat.

Hackfleisch ist übrigens keine typische oder traditionelle Fleischverarbeitungsmethode in der Ukraine. Auch für selbstgemachte Würste und Fleischröllchen würfeln wir das Fleisch lieber oder schneiden es in kleine Stücke.

Es mag überraschend erscheinen, aber die Vorstellung, dass Ukrainer traditionell sehr fette Fleischgerichte bevorzugten, ist schlicht falsch. In Wirklichkeit haben wir stets sehr auf unseren Körper geachtet und sind daher mit Fett immer sparsam umgegangen. Das änderte sich mit der Eingliederung der Ukraine in die Sowjetrepublik. Fett wurde zur einzigen lang anhaltenden Energiequelle in einer Zeit, in der genügend Nahrung wenig erschwinglich war.

Doch nun Schluss mit all diesen Stereotypen. Lasst uns in diesem Kapitel köstliche und authentische Fleischgerichte entdecken.

#1 HRECHANYKY
BUCHWEIZEN-BRATLINGE MIT TOMATENSAUCE

45 MINUTEN | 6 PERSONEN

ZUTATEN

- 125 g Buchweizen, grob gemahlen
- 300 g klein gehacktes Hähnchenfleisch
- 50 g fetter Rückenspeck oder Bauchspeck vom Schwein, fein gewürfelt
- 2 Eier
- 250 ml Wasser
- ½ TL Salz
- ⅓ TL frisch gemahlener schwarzer Pfeffer
- 3–4 EL Grieß zum Panieren
- 3–4 EL Pflanzenöl

Für die Sauce

- 2–3 EL Tomatenmark
- 200 ml + 2 EL Wasser
- 3–4 Knoblauchzehen
- ½ Chilischote, in Ringe geschnitten
- 1 Apfel, grob gerieben
- 1 TL löslicher Kaffee (Instant)
- 1 Prise Zucker
- 1 Prise Salz

1. Den Backofen auf 180 °C vorheizen.
2. Den Buchweizen mit Wasser bedecken, 1 Prise Salz hinzufügen und 15 Minuten kochen, bis er gar ist. Anschließend abkühlen lassen.
3. Das Hähnchenhack und den fein gewürfelten Speck unter den Buchweizen mischen. Die Eier dazugeben und vermengen. Mit Salz und Pfeffer abschmecken. Den Fleischtig zu Bratlingen formen.
4. Die Bratlinge im Grieß wälzen, auf ein mit Öl bepinseltes Backblech legen und 15–20 Minuten im Ofen backen.
5. Für die Sauce das Tomatenmark in das Wasser einrühren. Den grob geriebenen Apfel, die Chiliringe, den Zucker und etwas Salz und Pfeffer untermischen und die Sauce 2–3 Minuten stark erhitzen. Den löslichen Kaffee unterrühren und den Topf anschließend sofort vom Herd nehmen.
6. Die Buchweizen-Bratlinge mit der heißen Tomatensauce servieren.

СМАЖЕНЕ САЛО З РОМАШКОЮ

#2

SMAZHENE SALO Z ROMASHKOYU GERÖSTETE SCHWEINESCHWARTE MIT KAMILLENBLÜTEN

45 MINUTEN | 4 PERSONEN

ZUTATEN

- 500 g fetter Rückenspeck vom Schwein, als Tranche geschnitten
- 1 EL getrocknete Kamillenblüten
- Salz

1. Den Backofen auf 180 °C vorheizen.
2. Den ungesalzenen Schweinespeck von allen Seiten großzügig mit Salz einreiben und in den getrockneten Kamillenblütenblättern wälzen.
3. Den Schweinespeck auf einem mit Backpapier ausgelegtem Backblech 35–40 Minuten im Ofen rösten.
4. Auf Raumtemperatur abkühlen lassen und in dünne Scheiben geschnitten servieren.

#3 SHPUNDRY EINTOPF MIT ROTER BETE UND SCHWEINEFLEISCH

2 STUNDEN | 4 PERSONEN

ZUTATEN

- 500 g Schweinenacken oder Schweinerippen
- 1–2 Rote Beten
- 1 EL Essig
- 2 Zwiebeln
- 1 TL süßer Senf
- 3 Knoblauchzehen
- 1 EL Pflanzenöl
- 40 g Butter
- 2 EL Weizenmehl
- 1–2 EL frisch geriebener Meerrettich
- 2–4 EL Sauerrahm
- 3–5 Zweige Thymian (optional)
- Salz, Pfeffer

1. Den Backofen auf 180 °C vorheizen.
2. Das Fleisch parieren und nach Geschmack mit Salz und Pfeffer würzen. Das Fleisch mit dem süßen Senf einreiben und mit Öl beträufeln. Eine Zwiebel halbieren und in dünne Scheiben schneiden. Das Fleisch mit den halbierten Zwiebelscheiben auf ein Backblech geben und 40 Minuten im Ofen rösten.
3. Das fertig gegarte Fleisch von den Rippen lösen oder den Schweinenacken in kleine Stücke schneiden.
4. Die Roten Beten gründlich waschen und in den Backofen geben. Besser wählt man kleinere Rote Beten, die zusammen mit dem Fleisch gegart werden können.
5. Die fertig gegarten Roten Beten halbieren, in Scheiben schneiden und diese in einen Topf geben. Mit Wasser und Essig aufgießen, bis die Roten Beten vollständig bedeckt sind und anschließend 40 Minuten marinieren lassen.
6. Die zweite Zwiebel klein würfeln und in einem großen Topf in Butter anschwitzen. Das Fleisch, die marinierten Roten Beten und eine halbe Tasse Wasser hinzufügen und alles 5 Minuten köcheln.
7. Nach Geschmack Mehl, Salz und Pfeffer hinzufügen.
8. Den *Shpundry* mit geriebenem Meerrettich und Sauerrahm servieren. Nach Geschmack mit frischen Thymianblättern bestreuen.

#4 POLTAVSKY HALUSHKY KLÖSSE MIT SAUERKIRSCHEN UND FLEISCH

45 MINUTEN | 6 PERSONEN

ZUTATEN

- 400 g Weizenmehl
- 250 ml Kefir
- 1 Ei
- ½ TL Salz
- ½ TL Backpulver
- 500 g Hackfleisch halb und halb
- 1 EL Zucker

Für die Sauce

- 400 g TK-Sauerkirschen, aufgetaut und entkernt
- ½ TL gemahlener Koriander
- frisch gemahlener schwarzer Pfeffer
- 120 ml Sauerrahm
- 2–3 EL Pflanzenöl

1. Den Teig für die *Halushky* zubereiten und dafür Mehl, Kefir, Eier, Salz und Backpulver in einer Schüssel vermischen. Die Zutaten so lange kneten, bis ein weicher, geschmeidiger Teig entsteht, der nicht klebt.
2. Mit den Fingern kleine Teigstücke abzupfen und in kochendem Salzwasser 2 Minuten ziehen lassen. Die *Halushky* mit einem Schaumlöffel herausheben und anschließend mit Öl beträufeln, damit sie nicht aneinanderkleben. Mit einem Geschirrtuch abgedeckt bis zum Servieren warm halten.
3. Für die Sauce etwas Öl in eine Pfanne geben und das Hackfleisch darin scharf anbraten. Das Fleisch nach Geschmack mit Salz, Pfeffer und Koriander würzen.
4. Minuten bevor das Fleisch gar ist, die Sauerkirschen mit ihrem Saft dazugeben.
5. In einer großen Schüssel die *Halushky* mit dem Fleisch und den Sauerkirschen vermischen und heiß mit Sauerrahm servieren.

#5

KRUCHENYKY FLEISCHRÖLLCHEN

45 MINUTEN | 2 PERSONEN

ZUTATEN

- 250 g Schweinelende
- 100 g Rückenspeck oder Bauchspeck vom Schwein, fein gewürfelt
- 1 Knoblauchzehe, klein gehackt
- 1 Prise Thymian
- 10–12 Stängel frischer Dill, fein gehackt
- 50 g Weizenmehl
- 50 g Grieß
- 2–3 EL Pflanzenöl
- 1 Ei, verquirlt
- Salz, Pfeffer

1. Den Backofen auf 180 °C vorheizen.
2. Die Schweinelende in Scheiben schneiden. Die Scheiben nacheinander mit Frischhaltefolie abdecken, weich klopfen und danach mit Salz und Pfeffer einreiben.
3. Den gewürfelten Schweinespeck mit dem klein gehackten Knoblauch und Dill mischen. Den Thymian dazugeben und alles im Standmixer glatt pürieren.
4. Das Püree zu kleinen Rollen formen und jeweils eine Rolle auf die Mitte eines Fleischstücks geben. Das Fleisch darum wickeln und mit einem Zahnstocher fixieren.
5. Die Fleischröllchen zunächst in Mehl und dann in dem verquirlten Ei wälzen und schließlich mit Grieß bestreuen.
6. Die Röllchen in heißem Öl ein paar Minuten von allen Seiten goldbraun braten.
7. Zum Schluss die Röllchen auf ein mit Backpapier ausgelegtes Backblech legen und 15 Minuten im Backofen fertig garen.

БАНОШ З КАЧКОЮ

#6 BANOSH Z KACHKOYU ENTE MIT BANOSH

4 STUNDEN | 4–6 PERSONEN

ZUTATEN

- 1 Ente
- 100 g Maisgrieß
- 100 ml Crème double
- 100 ml Milch
- 100 ml Wasser
- 1 Zwiebel
- 1 Karotte
- 1 Paprika
- 2–3 Knoblauchzehen
- 5 Zweige Thymian
- ⅓ Chilischote, in dünne Ringe geschnitten
- 2–3 EL Pflanzenöl
- 1 Zitrone, Saft und Schalenabrieb
- Salz und Pfeffer

1. Den Backofen auf 180 °C vorheizen.
2. Für das Banosh den Maisgrieß mit der Crème double, der Milch und dem Wasser in einem Schmortopf vermischen, unter ständigem Rühren mit dem Schneebesen aufkochen und 3–5 Minuten köcheln lassen.
3. Für das Gemüse die Zwiebel, die Karotte und die Paprika in kleine Würfel schneiden. Etwas Öl in eine Pfanne geben und das Gemüse darin goldbraun braten.
4. Das Gemüse unter die Maisgrütze mischen.
5. Die Ente innen und außen mit Salz und Pfeffer einreiben, mit dem Schalenabrieb bestreuen und mit dem Zitronensaft und etwas Öl beträufeln. Die Ente mit den zerdrückten Knoblauchzehen, den Thymianzweigen und den Chiliringen füllen und 1,5–2 Stunden marinieren lassen.
6. Die Ente mit dem Gemüsebanosh füllen und die Öffnung mit Zahnstochern oder Küchengarn verschließen.
7. Die Ente auf ein Backblech geben und 90 Minuten im Ofen backen, dabei ab und zu mit dem aufgefangenen Bratensaft übergießen.
8. Die Ente mit der Banosh-Füllung heiß servieren.

#7

DRAHLI SCHWEINEFLEISCH IN ASPIK

3 STUNDEN | 4 PERSONEN

ZUTATEN

- 500 g mageres Schweinefleisch
- 2 l Wasser
- 2–3 Knoblauchzehen, zerdrückt
- 3–4 Pimentkörner
- 2–3 Lorbeerblätter
- 30 g neutrales Gelatinepulver

Für die Sauce

- 2 Knoblauchzehen
- ¼ TL schwarzer Pfeffer
- 2 TL Meerrettich

1. Das Fleisch in kleine Stücke schneiden, in einen Topf geben, mit Wasser bedecken und aufkochen. 2–3 Minuten kochen lassen, danach das Wasser abgießen und das Fleisch unter fließendem Wasser abspülen.
2. Den Topf mit sauberem Wasser füllen. Das Fleisch, den Knoblauch, die Pimentkörner und die Lorbeerblätter hineingeben und alles 1 Stunde sanft köcheln lassen. Mit Salz abschmecken.
3. Das Fleisch herausheben, mit zwei Gabeln auseinanderreißen und in individuelle Schalen geben.
4. Die zuvor eingeweichte Gelatine in der heißen Brühe auflösen und diese in die Schalen über das Fleisch gießen. Nach dem Abkühlen der Brühe, die Schalen für 2–3 Stunden in den Kühlschrank stellen, bis das Aspik fest ist.
5. Den Meerrettich mit dem zerdrückten Knoblauch und dem schwarzen Pfeffer vermischen und als scharfe Sauce zu dem Aspik reichen.

ЗІНЬКІВСЬКА КОВБАСА

#8 ZINKYVSKA KOVBASA GERÄUCHERTE ZINKIV-WURST

4 STUNDEN | 6–8 PERSONEN

ZUTATEN

- 2 kg magere Schweineschulter
- 1 EL Salz
- 1 EL frisch gemahlener schwarzer oder bunter Pfeffer
- 3 Knoblauchknollen
- 250 ml eiskaltes Wasser
- 3 m Schweinedarm
- 500 ml frisches Schweineblut (beim Metzger vorbestellen)

1. Den Backofen auf 160 °C vorheizen.
2. Das Fleisch in 1–2 cm große Würfel schneiden und in eine Schüssel geben.
3. Die Fleischwürfel mit Salz, frisch gemahlenem Pfeffer und zerdrücktem Knoblauch würzen und die Zutaten 10–15 Minuten behutsam verrühren, bis die Fleischmischung kompakter wird.
4. Das eiskalte Wasser dazugeben und alles weiter gründlich verrühren, bis das Fleisch die Flüssigkeit aufgesogen hat.
5. Den Schweinedarm einweichen und gründlich spülen. Alternativ Kunstdarm verwenden, ich bevorzuge jedoch echten Schweinedarm, den man beim Metzger oder in guten Fleischereien vorbestellen kann.
6. Die Wurstfüllung mit Hilfe eines Wurstfüllers in den Darm pressen. Jede Wurst soll 40–60 cm lang sein. Die Enden jeweils mit Küchenzwirn abbinden.
7. Die Würste mit Blut einreiben und 3 Stunden im Backofen garen. Anfangs die Würste alle 20 Minuten von allen Seiten mit Blut bepinseln. Damit die Würste eine schöne dunkle Farbe bekommen und nicht austrocknen, sollte man dies 5–6-mal wiederholen.
8. Gegen Ende nach Geschmack ein wenig Buchen- oder Erlenholzspäne in eine Schale geben, anzünden und in den Backofen stellen, damit die Würste ein angenehmes Räucheraroma erhalten.
9. Die Würste kalt servieren.

#9 VERESHCHAKA IN KWAS GESCHMORTE RIPPCHEN

80 MINUTEN | **4 PERSONEN**

ZUTATEN

- 600–800 g Schweinerippchen
- 2–3 Knoblauchzehen
- 200 ml Rote-Bete-Kwas (Rezept siehe 165)
- 200 ml Kwas (Brottrunk) (in osteuropäischen Lebensmittelgeschäften erhältlich)
- 2 Zweige Thymian
- ½ EL Zucker
- 50 g weiche Butter
- 1 EL Weizenmehl
- 2–3 EL Pflanzenöl
- Salz, Pfeffer

1. Den Backofen auf 180 °C vorheizen.
2. Die Rippchen parieren und dabei die Haut von der Rückseite entfernen. Die Rippchen teilen, sodass höchstens jeweils 2 Rippchen zusammenbleiben.
3. Die Rippchen mit Salz, Pfeffer und den zerdrückten Knoblauchzehen einreiben.
4. Etwas Pflanzenöl in einer Pfanne erhitzen und die Rippchen darin von allen Seiten goldbraun braten.
5. Die Rippchen auf ein tiefes Backblech legen, mit den beiden Kwas-Sorten übergießen und 45–50 Minuten im Backofen garen.
6. Parallel für die Sauce den Bratensaft in einen Topf geben und 20 Minuten einkochen.
7. Die weiche Butter mit dem Mehl vermischen und unter den reduzierten Bratensaft rühren. Mit Zucker, Salz und Pfeffer abschmecken und die Sauce so lange mit dem Schneebesen rühren, bis sie karamellisiert.
8. Anschließend die Rippchen aus dem Ofen nehmen, die Sauce als Glasur über das Fleisch geben und heiß servieren.

#10 CHEBUREKY KNUSPRIGE TEIGTASCHEN MIT HACKFLEISCHFÜLLUNG

1 STUNDE | 4-6 PERSONEN

ZUTATEN

- 600 g Weizenmehl
- 250 ml lauwarmes Wasser
- 1 TL Salz
- 1 TL Zucker
- 1 TL Essig
- 1 TL Pflanzenöl

Füllung

- 800 g Rinderhack
- 1 große Zwiebel
- 4–5 Knoblauchzehen
- 1 EL Kreuzkümmel
- 200 ml + 2 EL eiskaltes Wasser
- Salz, Pfeffer
- neutrales Pflanzenöl zum Frittieren

1. Für den Teig das Mehl in eine Schüssel sieben, das warme Wasser, Salz, Zucker und Essig dazugeben und so lange kneten, bis ein elastischer Teig entsteht. Den Teig in Frischhaltefolie gewickelt 30 Minuten im Kühlschrank ruhen lassen.

2. Für die Füllung die Zwiebel fein hacken und mit dem Hackfleisch und dem zerdrückten Knoblauch vermischen. Nach Geschmack mit Salz, Pfeffer und Kreuzkümmel würzen. Eiskaltes Wasser gründlich unterrühren, damit die Füllung saftiger wird.

3. Den Teig in 12–15 Portionen teilen. Die Teigportionen dünn zu 5–7 cm großen Kreisen ausrollen. Die Ränder mit etwas kaltem Wasser bepinseln, damit sie besser haften. Jeweils 1 TL Füllung auf eine Seite des Teiges geben, dabei einen Rand frei lassen. Die andere Teighälfte darüberklappen, die Teigränder fest zusammendrücken und mit den Zinken einer Gabel ein wellenförmiges Muster hineindrücken.

4. Reichlich Öl in einer tiefen Pfanne erhitzen und die Teigtaschen darin ausbraten, bis sie von beiden Seiten goldbraun sind.

5. Am besten heiß direkt aus der Pfanne servieren.

#11 PECHENYA ZI SVYNYNY GESCHMORTER SCHWEINENACKEN

2 STUNDEN | 4-6 PERSONEN

ZUTATEN

- 800 g Schweinenacken, in kleine Stücke geschnitten
- ¼ Knolle Sellerie
- 3–4 EL Pflanzenöl
- 150 g Schweineschmalz
- 1–2 Zwiebeln
- 1 Karotte
- 1 Knoblauchzehe
- 6–8 Kartoffeln
- 100 ml trockener Rotwein
- 1–2 EL Tomatenmark
- 3–5 Stängel Petersilie zum Garnieren
- Salz, Pfeffer

1. Den Backofen auf 180 °C vorheizen.
2. Etwas Öl in eine Kasserolle geben und das Fleisch darin von allen Seiten scharf anbraten.
3. Das Schweineschmalz in einer Pfanne zerlassen und die fein gehackten Zwiebeln, die Karotten, den Sellerie und den zerdrückten Knoblauch darin weich garen und anschließend unter das Fleisch heben.
4. Die Kartoffeln schälen, klein würfeln und zum Fleisch geben.Mit Salz und Pfeffer würzen, 500 ml Wasser dazugießen und den Topf für 30–40 Minuten in den Backofen stellen.
5. Das Tomatenmark im Wein auflösen und mit in den Topf geben. Das Fleisch weitere 30–40 Minuten schmoren.
6. Vor dem Servieren das Schmorfleisch nach Wunsch mit klein gehackter Petersilie bestreuen.

FISCH

Sprache und Küche prägen eine Nation. Das macht bereits zwei Drittel des Erfolges aus. Wann immer wir andere Länder bereisen, versuchen wir ein paar Worte der lokalen Sprache zu lernen und herauszufinden, was man dort typischerweise isst. Mit diesen zwei Faktoren werden wir bestens in eine neue Kultur eingeführt. Es ist daher wenig überraschend, dass ich mich erst wirklich als Ukrainer begriff, als ich die nationale Kochkunst studierte. Ich bin in der Ukraine aufgewachsen und liebe mein Land, hatte aber immer das Gefühl, dass noch irgendetwas fehlte, um unsere Bindung perfekt zu machen. Nachdem ich erfuhr, dass unsere Vorfahren zum Beispiel Schweinerippchen in Kwas schmorten, öffnete mir das die Augen. Mir wurde bewusst, dass sich die Liste authentischer ukrainischer Gerichte, die ich bis dahin probiert hatte, auf Borschtsch und Banosh beschränkte. Ich wusste mehr über die italienische Küche als über meine eigene Kochkultur.

Diese Einsicht veränderte alles. Ich begann nach ukrainischen Gerichten Ausschau zu halten, diese zu kochen und zu essen. Mit jedem neuen Aroma wuchs meine Bindung zur Ukraine. Ein paar dutzend Gerichte und wir sind keine Fremden mehr. Mit meinem Wissen über die nationale Küche ist eine neue Verbindung zu meiner Heimat entstanden.

Dieses Wissen half mir, die Ukraine instinktiv zu begreifen. Ich grub noch tiefer, um für mich herauszufinden, was es heißt, Ukrainer zu sein. Auf meiner Suche nach der ukrainischen Küche fand ich schließlich mich selbst. Es war, als habe sich vor meinen Augen eine Truhe geöffnet, die mir einen Weg in eine andere Zeit wies. Eine Truhe, die die Geschichte und die Liebe zu meinem Land und seinen Menschen enthält. Diese so wichtige Truhe war lange Zeit vor mir versteckt worden. Nachdem ich sie endlich gefunden hatte, wollte ich nichts sehnlicher, als ihren Inhalt auch anderen Ukrainern zugänglich zu machen. Ich wollte die ukrainische Küche weiterentwickeln, sie schützen und für sie werben. Ich liebte diesen ukrainischen Teil meiner Identität mehr denn je, und das hat meinen Blick auf meine Mitmenschen verändert. Ich verstand, dass ihnen viele Dinge einfach egal waren, weil sie keinen Zugang zu den Informationen hatten, die ich gefunden hatte. Sie wussten nicht, wer sie waren und verstanden nicht, dass die Geschichte sie verbinden konnte.

Die Ernährungsweise hat mir offensichtlich den Zugang zur authentischen Welt der Ukraine eröffnet. Ein Land voller Wunder, aber vor allem auch ein Land mit Zukunft. In dieser Zukunft stehen die Ukrainer zusammen und bilden eine starke, unabhängige und hoch entwickelte Nation. Jedem Ukrainer steht diese Welt offen. Alles, was man dazu braucht, ist eine Eintrittskarte: Eine Verbindung zu den eigenen Wurzeln und sowohl Verständnis wie emotionale Bereitschaft für die eigene Geschichte. Wird jemand ohne dieses ukrainische Erbe diese Welt verstehen? Mit Sicherheit, denn schon die ukrainische Geschichte und Küche lassen uns sehr nah an die ukrainische Kultur heranrücken, ohne dass wir dafür die Tiefen des nationalen Charakters der Ukraine erforschen müssten. Am Ende wird dieses Verständnis zum Teil rational und zum Teil emotional sein, denn Essen berührt ganz unmittelbar die Seele.

МАРИНОВАНИЙ КАРП

#12

MARYNOVANIY KARP MARINIERTER SILBERKARPFEN

30 MINUTEN

6 PERSONEN

ZUTATEN

- 1 Silberkarpfen (etwa 700 g)
- 1 Karotte
- 1 Zwiebel
- 1½ TL Salz
- 70 ml Essig

Für die Marinade

- 40 ml Essig
- 3 Knoblauchzehen
- 5–7 Stängel Dill
- 150 ml Pflanzenöl
- 1 TL Salz

1. Den Fisch von Schuppen, Innereien und Flossen befreien. Kopf und Schwanz abtrennen und für eine Fischsuppe aufbewahren. Das Fischfleisch in 2 cm dicke Scheiben schneiden.
2. Das Gemüse für die Brühe vorbereiten: Die Zwiebel halbieren und in Scheiben schneiden und die Karotte in dicke Scheiben schneiden. Das Gemüse in einen Topf geben, 1,5 l Wasser darübergießen und mit Salz und Essig würzen. Alles gut umrühren und erhitzen. Die kleinen Fischsteaks hineingeben und 10 Minuten darin ziehen lassen.
3. Für die Marinade in einer Glasschüssel Öl und Essig vermischen. Salz, den klein geschnittenen Dill und die zerdrückten Knoblauchzehen dazugeben und unterrühren.
4. Den Fisch aus der Brühe heben und mit der Marinade bedecken. Vor dem Servieren mindestens 20 Minuten im Kühlschrank marinieren.

#13 SMAZHENIY KARP
GEBRATENER KARPFEN

2 STUNDEN 40 MINUTEN | 4 PERSONEN

ZUTATEN

- 5–8 küchenfertige kleine Karpfen (200–300 g)
- 20 g Weizenmehl
- ½ Stange Lauch, in Scheiben geschnitten
- 5 Stängel Dill
- 2 Knoblauchzehen, fein gehackt
- 300 g Sauerrahm (15 % Fettanteil)
- 200 g süße Sahne (33 % Fettanteil)
- Pflanzenöl zum Braten
- Salz nach Geschmack

1. Den Backofen auf 160 °C vorheizen.
2. Die Karpfen waschen, trocknen, großzügig mit Salz bestreuen und 1–2 Stunden im Kühlschrank ruhen lassen.
3. Die gesalzenen Karpfen im Mehl wälzen und in einer Bratpfanne in etwas Öl je eine Minute von jeder Seite braten.
4. Ein Backblech mit Öl bepinseln und den Lauch und die Karpfen daraufgeben. Saure und süße Sahne miteinander vermischen und über den Fisch gießen. Den Knoblauch und den Dill darüberstreuen und 20–30 Minuten im Ofen backen. Heiß servieren.

#14

SOM ZAPECHENIY Z TRAVAMI
KATZENWELS MIT KRÄUTERN

40 MINUTEN | 2 PERSONEN

ZUTATEN

- 1 Katzenwels oder Flusswels (300–500 g), küchenfertig
- 4 EL natives Pflanzenöl
- 1 TL Oregano
- 1 Knoblauchzehe, fein gehackt
- 2 EL süßer Senf
- ½ TL getrocknete Holunderbeeren
- 3 Wacholderbeeren, zerstoßen
- Salz

1. Den Backofen auf 180 °C vorheizen.
2. Den Wels gründlich waschen und anschließend mit Küchenpapier trockentupfen.
3. Den Fisch großzügig mit Salz einreiben. Senf, Öl, Knoblauch, Oregano, Wacholderbeeren und Holunderbeeren miteinander vermischen und den Fisch damit bestreichen.
4. Den Wels auf ein mit Backpapier ausgelegtes Backblech legen und je nach Größe 15–25 Minuten im Backofen garen. Sofort heiß servieren.

#15

PECHENIY KARP
GEBACKENER KARPFEN

1 STUNDE | 4-6 PERSONEN

ZUTATEN

- 1 großer Karpfen (etwa 1,5 kg), küchenfertig
- 1 Fenchelknolle
- 1 TL Fenchelsamen
- 1 Zimtstange
- 5–6 Kartoffeln
- 1 EL süßer Senf
- 1–2 EL Tomatenmark (optional)
- 1 Zitrone
- Pflanzenöl
- Salz, Pfeffer

1. Den Backofen auf 180 °C vorheizen.
2. Den Karpfen gründlich waschen und mit Küchenpapier trockentupfen.
3. Den Fisch mit Salz und Pfeffer einreiben und innen und außen mit Öl bepinseln. Die Fenchelknolle halbieren und in dünne Scheiben schneiden. Den Karpfen mit dem Fenchel und der Zimtstange stopfen und mit den Fenchelsamen bestreuen.
4. Die Kartoffeln gründlich waschen, wenn gewünscht in kleine Stücke schneiden, mit Salz und Pfeffer bestreuen und mit Öl beträufeln.
5. Ein Backblech mit Öl bepinseln, den Karpfen daraufgeben und mit dem Senf und dem Tomatenmark einreiben. Die Zitrone auspressen und den Fisch mit dem frisch gepressten Zitronensaft beträufeln. Die Kartoffeln und ausgepressten Zitronenhälften außen herumgeben und den Karpfen je nach Größe 40–50 Minuten im Ofen backen. Heiß servieren.

#16

RYBNI KOTLETY FISCHBRATLINGE

45 MINUTEN | 4 PERSONEN

ZUTATEN

- 600–700 g filetierter Katzenwels
- 100 ml Essig
- 1 Zwiebel, grob gewürfelt
- 1 Karotte, in Stücke geschnitten
- 1 Ei
- 1 EL Weizenmehl
- 3–4 EL Semmelbrösel
- Salz, Pfeffer

1. Den Backofen auf 180 °C vorheizen.
2. Den Katzenwels gründlich waschen, trockentupfen und in große Filets schneiden. Den Fisch, 1 l Wasser, Essig, Öl, die Zwiebelwürfel und die Karottenstücke in einen Topf geben, aufkochen, 2–3 Minuten köcheln und dann alles in der Brühe abkühlen lassen.
3. Den Fisch mit einem scharfen Messer klein hacken und das Ei und das Mehl untermischen. Nach Geschmack mit Salz und Pfeffer würzen. Die Zutaten gründlich kneten.
4. Kleine Bratlinge (je etwa 50 g) formen und in den Semmelbröseln wälzen.
5. Ein Backblech mit Backpapier auslegen und die kleinen Bratlinge 7–10 Minuten im Ofen backen.
6. Heiß servieren und eine Lieblingssauce dazu reichen.

#17 KOTLETY ZI SHPROT
SPROTTEN IM BACKTEIG

25 MINUTEN | 4 PERSONEN

ZUTATEN

- 400 g Sprotten, filetiert
- 1 EL Essig
- 200 g Weizenmehl
- 2 Eier
- 200 ml Vollmilch
- 1 Prise Salz
- Pflanzenöl zum Braten
- ½ Zitrone
- 3–4 Frühlingszwiebeln oder rote Zwiebeln, klein gehackt

1. Die Sprottenfilets mit Salz und Essig einreiben.
2. Für den Teig Eier, Milch und 1 Prise Salz mit dem Mehl zu einer Art Pfannkuchenteig vermischen.
3. In einer Bratpfanne etwas Öl erhitzen, 5–6 Sprottenfilets hineingeben und 2–3 EL Teig darübergießen, als würde man einen Pfannkuchen zubereiten.
4. Bei niedriger Temperatur den Fisch im Backteig von beiden Seiten je 2–3 Minuten goldbraun braten.
5. Die Sprotten im Backteig mit den klein gehackten Zwiebeln bestreut und mit etwas frisch gepressten Zitronensaft beträufelt heiß servieren.

ПЕЧЕНЯ З ЯЛОВИЧИНИ ТА САРДИН

#18 PECHENYA Z YALOVYCHYNY TA SARDIN EINTOPF MIT SARDINEN UND KALBFLEISCH

1 STUNDE | 2 PERSONEN

ZUTATEN

- 300 g Kalbfleisch
- 1 Zwiebel
- 1 Karotte
- ¼ Stange Sellerie
- 2 cm frischer Ingwer
- 5–6 frische Sardinen, filetiert
- 2–3 Gewürznelken
- 2 Knoblauchknollen, waagerecht halbiert
- Pflanzenöl
- Salz
- frisch gemahlener Pfeffer

1. Den Backofen auf 180 °C vorheizen.
2. Das Fleisch parieren und in kleine Stücke schneiden.
3. Die Zwiebel und die Karotte halbieren und in Scheiben schneiden, den Sellerie in Stücke schneiden und das Gemüse und das Fleisch in einem ofenfesten Schmortopf in etwas Öl anbraten. Den frischen Ingwer darüberreiben.
4. Optional jetzt Kartoffeln dazugeben, ich bevorzuge allerdings den intensiven Geschmack des Gemüses und verzichte hier auf Kartoffeln.
5. Das Ganze mit Salz und Pfeffer abschmecken, die Nelken und den Knoblauch dazugeben, den Topf mit Alufolie abdecken und für 15–20 Minuten in den Backofen stellen.
6. Die Sardinen vorbereiten und dafür Köpfe, Flossen und Rückgrat mit den Schwänze abtrennen und die Fische ausnehmen. Wichtig ist, dass der Fisch absolut frisch ist, denn dies hat einen großen Einfluss auf das Aroma des Gerichts.
7. Den Topf aus dem Ofen nehmen, die Alufolie entfernen und die Sardinen hinzufügen.
8. Den Topf wieder mit Alufolie bedecken und für weitere 15 Minuten in den Backofen stellen.
9. Heiß servieren.

GEMÜSE UND PILZE

ÜBER PASTINAKEN

In der Grundschule haben wir immer ein ukrainisches Volkslied gesungen, das wörtlich übersetzt etwa so lautet: Ein Fisch (*ryba*) tanzt mit einem Flusskrebs (*raky*) und Petersilie (*petrushka*) tanzt mit Pastinake (*pasternak*). Witzig an diesem Lied ist aber gar nicht einmal, dass es jeglicher Logik entbehrt, sondern, dass Ukrainer das Wort *pasternak* seit mehr oder weniger ihrer Kindheit kennen, aber nicht die leiseste Ahnung haben, was eine Pastinake eigentlich ist. Fragt man eine beliebige Person auf der Straße danach, könnten die meisten nicht einmal sagen, wie eine Pastinake aussieht oder wonach sie schmeckt – und das ist eine Schande. Schon einmal Pastinaken probiert? Ich ja! Ein umwerfend leckeres Gemüse. Mit seiner leicht süßlich-bitteren Note und Genügsamkeit passt es perfekt zum kulinarischen Profil der Ukrainer. Weißt du, was ich meine? Nehmen wir einmal Fisch und Meeresfrüchte zum Beispiel: Sie passen einfach zum kulinarischen Profil Siziliens. Tomaten mit Mozzarella stehen für Italien. Dicke, cremige Schokolade duftet nach Belgien. Der süße, würzige Geschmack von Mais ist Mexiko pur. Und so ist Pastinake der Inbegriff des ukrainischen Geschmackprofils. Nachdem ich dieses Wurzelgemüse unwiederbringlich für mich entdeckt hatte, begann meine Odyssee: Seitdem probiere ich immer wieder Neues aus, um der Pastinake ukrainische Bedeutungen zu entlocken und ihren Geschmack durch unterschiedliche Garmethoden zu betonen. Ich habe Pastinaken einmal 24 Stunden lange gebacken, habe mit ihrer Textur experimentiert, sie zusammen mit aromatischen Zutaten gegart. Irgendwie war das alles nicht das Richtige.

Anstatt ihre ukrainische Seele bloßzulegen, habe ich alles falsch gemacht. Und irgendwann hatte ich den Bogen dann heraus. Pastinaken werden am besten gebacken, das verstärkt ihre Süße, aber nicht zu lang. Nur gerade so lang, dass sie leicht zu kauen sind – alles andere wäre schon zu viel.

Das ist das Tolle an Pastinaken. Jeder, der ihre Einzigartigkeit erfasst, kann auch die Essenz des ukrainischen Geschmacks erfassen.

ÜBER ZUCKERRÜBEN

Ich könnte mich niederknien und dem Universum dafür danken, den Ukrainern Zuckerrüben gegeben zu haben. Die steinig wirkende Oberfläche dieser Wurzel verbirgt wahre Perfektion. Von außen grob und ruppig, aber innen eine freundliche Seele. Sie ist süß. Sie ist saftig. Sie hat eine interessante Geschichte. Diese unterschätzte Heldin ist zu 100 Prozent ukrainisch.

Es hat eine ganze Weile gedauert, bis ich Zuckerrüben gefunden habe, denn man findet sie nicht einfach in irgendeinem alten Laden. Aber schließlich ist es mir doch gelungen. Der nächste Schritt bestand darin, das Potenzial der Zuckerrübe zu entdecken. Ich wollte ihre wunderbare Essenz offenbaren und diese aller Welt präsentieren, wollte ihren Geschmack verbessern, aber nicht verfälschen. Das war der schwierigste Part. Aber schließlich habe ich einen Weg gefunden. Ich habe sie acht Stunden lang in einem traditionellen ukrainischen Ofen gebacken, dann gesalzene Himbeeren, sauer eingelegte Pflaumen, Pilzbrühe und weichen Schichtkäse zugegeben. So steht es auf der Speisekarte meines Restaurants *100 Rokiv Tomu Vpered* (vor 100 Jahren in die Zukunft).

Man sollte sie mußevoll essen, jeden Bissen bewusst aufnehmen. Man sollte sich die Zeit nehmen, sich wirklich darauf einzulassen. Sag ihr: »Hallo, kleine Zuckerrübe. Du bist vielleicht eine komische Gestalt, aber ich werde versuchen, dich zu verstehen.« Zuckerrüben sind für Ukrainer keine Fremden, sie sind Teil unseres kulturellen Schlüssels. Sie verdienen es, sowohl im Leben der Ukrainer als auch der Menschen anderer Länder präsenter zu sein. Ich werde alles daran setzen, sie zu fördern, denn das trägt auch dazu bei, die Ukraine zu fördern. Die Zuckerrübe ist eine Brücke zwischen der Vergangenheit der Ukraine und ihrer Zukunft.

#19 PYURE ZI SMAZHENIH OVOCHIV PÜREE AUS OFEN-GEBACKENEM GEMÜSE

50 MINUTEN | 4 PERSONEN

ZUTATEN

- 1 Zucchini
- 1 Karotte
- 1 rote Paprikaschote
- ½ Zwiebel
- 2 Knoblauchzehen
- 3–4 EL natives Sonnenblumenöl (in der Ukraine nehmen wir selbst gepresstes, alternativ ein anderes Pflanzenöl)
- ½ Zitrone
- Salz, Pfeffer

1. Den Backofen auf 180 °C vorheizen.
2. Zucchini, Karotte, Paprikaschote gut waschen und mit Küchenpapier trockentupfen. Das Gemüse mit einem Zahnstocher mehrfach einstechen, mit Öl beträufeln und mit Salz bestreuen. In Alufolie einwickeln und 40 Minuten backen.
3. Das Gemüse abkühlen lassen. Dann schälen, in beliebig große Scheiben schneiden und in einen Standmixer geben.
4. Zwiebel und Knoblauch würfeln, in den Mixer geben und alles glatt pürieren. Öl, Salz, Pfeffer und frisch gepressten Zitronensaft unterrühren und nach Belieben abschmecken.
5. Das Püree kalt servieren.

ОВОЧЕВИЙ САЛАТ

#20 OVOCHEVIY SALAT GEMÜSESALAT

15 MINUTEN | 4 PERSONEN

ZUTATEN

- 1 Zucchini
- 2 Stangen Sellerie
- 10 Stängel Dill
- 1 Zitrone
- 10 Stängel Minze
- 2–3 Knoblauchzehen, fein gehackt
- 5 EL Pflanzenöl
- Salz, Pfeffer
- 1 TL Chiliflocken

1. Die Zucchini mit einem Sparschäler in feine Scheiben schneiden.
2. Die Selleriestangen in feine Scheiben schneiden.
3. Den Dill hacken und von der Minze die Blätter abzupfen.
4. Alle Zutaten in einer Schüssel behutsam vermengen.
5. Für das Dressing Salz, Pfeffer, Knoblauch und Zitronensaft mit dem Öl verquirlen. Das Dressing über den Salat gießen und alles vorsichtig verrühren.
6. Mit roten Chiliflocken bestreuen und servieren.

#21 HLYVI SMAZHENI U VERSHKOVOMU MASLI AUSTERNPILZE IMBACKTEIG

30 MINUTEN | 4 PERSONEN

ZUTATEN

- 400 g Austernpilze
- 100 ml Pflanzenöl (zum Ausbacken)

Für den Backteig
- 2 Eier
- 200 ml obergäriges Bier oder Weizen-Kwas
- 240 g Weizenmehl

Für die Sauce
- 200 g Sauerrahm (mindestens 15 % Fettanteil)
- 2–3 Knoblauchzehen
- frische Kräuter nach Geschmack (Petersilie, Dill)
- Salz, Pfeffer

1. Die Austernpilze waschen und in kleinere Schnitze schneiden. Zum Trocknen auf saugfähiges Küchenpapier legen.
2. Für den Backteig die Eier mit Salz und Pfeffer würzen und mit einer Gabel verquirlen. Bier oder Kwas zugeben und erneut verquirlen. So viel Mehl unterrühren, bis ein pfannkuchenähnlicher Teig entsteht.
3. Die Austernpilze kurz in den Teig tunken und im heißen Öl in einer Pfanne ausbacken, bis sie rundum goldbraun sind.
4. Die Pilze mit einem Schaumlöffel aus dem Fett heben und zum Entfetten auf Küchenpapier legen.
5. Für die Sauerrahmsauce die fein gehackten Kräuter sowie den durch die Presse gedrückten Knoblauch zugeben. Mit Salz und Pfeffer abschmecken.
6. Die frittierten Pilze mit der Sauerrahmsauce servieren.

СМАЖЕНИЙ ПАСТЕРНАК

#22

SMAZHENIY PASTERNAK GEBACKENE PASTINAKEN

60 MINUTEN | 2 PERSONEN

ZUTATEN

- 4 Pastinaken
- Salz

Für die Sauce

- 4 EL Sauerrahm
- 4 Dörrpflaumen

1. Den Backofen auf 180 °C vorheizen.
2. Die Pastinaken abbürsten und mit einem Sparschäler schälen.
3. Kräftig mit Salz einreiben und in Alufolie eingewickelt 45–50 Minuten im heißen Ofen backen.
4. Für die aromatische Sauce die Dörrpflaumen fein würfeln und sorgfältig unter den Sauerrahm ziehen.
5. Die gebackenen Pastinaken mit der Sauerrahmsauce servieren.

#23

TOVCHANKA KARTOFFEL-BOHNEN-MUS

60 MINUTEN | 6 PERSONEN

ZUTATEN

· 120 g getrocknete Erbsenkerne
· 120 g getrocknete Bohnenkerne
· 5–6 mehligkochende Kartoffeln
· 3 EL Mohnsamen
· 50 g Butter
· Salz und Pfeffer nach Geschmack

1. Die Erbsen und Bohnen über Nacht einweichen, damit sie schneller garen.
2. Die Kartoffeln, Bohnen und Erbsen in separaten Töpfen gar kochen.
3. Die fertig gegarten Kartoffeln, Bohnen und Erbsen zusammen mit einem Kartoffelstampfer zerdrücken.
4. Das Kartoffel-Bohnen-Mus mit Salz und Pfeffer abschmecken. Die Mohnsamen in kochendem Wasser einweichen und mit der Butter unter das Kartoffel-Bohnen-Mus rühren. Die Konsistenz nach Belieben mit dem Kochwasser der Kartoffeln korrigieren.

САЛАТ З БІЛОГО/ЧОРНОГО РЕДИСУ ЗІ СМЕТАНОЮ

#24

SALAT Z BILO GO/ CHORNOGO REDUSU ZI SMETANOYU RETTICHSALAT MIT SAUERRAHMSAUCE

10 MINUTEN | 2 PERSONEN

ZUTATEN

- 2–3 Rettiche
- 2 EL natives Sonnenblumenöl (in der Ukraine nehmen wir selbst gepresstes, alternativ ein anderes Pflanzenöl)
- 1 TL süßer Senf
- 2–3 EL Sauerrahm
- 1 EL Zitronensaft
- 2–3 Stängel Dill
- Salz, Pfeffer

1. Die Rettiche waschen und schälen. Auf der groben Seite einer Vierkantreibe raspeln oder in lange, dünne Streifen schneiden.
2. Für das Dressing das Sonnenblumenöl mit Senf, Sauerrahm und Zitronensaft verrühren und über den Rettich geben.
3. Den fein gehackten Dill zugeben, mischen und mit Salz und Pfeffer abschmecken.

МАРИНОВАНІ ОГІРКИ У ГАРБУЗІ

#25

MARINOVANI OGIRKI U GARBUZI SAUER EINGELEGTE GURKEN IM KÜRBIS

3 STUNDEN (PLUS 2 TAGE ZUM DURCHZIEHEN) | 4–6 PERSONEN

ZUTATEN

- 1 kg kleine Gurken
- 1 großer Kürbis
- 10 Stängel Dill
- 5–8 Blätter vom Johannisbeerstrauch
- 5 Pimentkörner
- 5 schwarze Pfefferkörner
- 3–5 Lorbeerblätter
- 5 Knoblauchzehen, angedrückt
- 3 EL Salz
- 1 l Wasser

1. Die Gurken gut abbürsten und in sehr kaltem Wasser mit Eiswürfeln 2–3 Stunden einweichen, damit sie knackiger werden. Die Enden abschneiden und die Gurken mit einem Zahnstocher einstechen, damit die Lake gut eindringen kann.

2. Einen großen Kürbis gut waschen und den oberen Teil als Deckel für später abschneiden. Die Samen und das Kürbisfleisch mit einem Löffel herausschaben, um Platz für die Gurken zu machen.

3. Den Kürbis mit den Gurken, dem Dill und den Johannisbeerblättern füllen, Pimentkörner, schwarze Pfefferkörner, Lorbeerblätter und die zerdrückten Knoblauchzehen hinzufügen.

4. Das Salz im Wasser auflösen und die Lake in den Kürbis gießen, sodass die Gurken damit bedeckt sind. Mit dem abgeschnittenen Deckel den Kürbis verschließen und 1–2 Tage an einem kühlen Ort stehen lassen. Ist die Zeit vorüber, kann man zugreifen!

#26

KOVBASA FARSHYROVANA KARTOPLEYU KARTOFFEL-WÜRSTCHEN

60 MINUTEN | 4 PERSONEN

ZUTATEN

- 6–8 mehligkochende Kartoffeln
- 150 g Schweinespeck
- 2–3 Zwiebeln, gewürfelt
- 3–4 Knoblauchzehen, fein gehackt
- 1 kleines Stück Lorbeerblatt, fein zerkrümelt
- Schweine- oder Kunstdarm
- Salz, Pfeffer
- Sauerrahm zum Servieren

1. Den Backofen auf 180 °C vorheizen.
2. Die Kartoffeln mit Schale in kochendem Wasser garen. Abkühlen lassen und dann pellen.
3. Den Speck in feine Würfel schneiden und in einer Pfanne auslassen, bis sie weich sind und in dem Fett Zwiebeln und Knoblauch anbraten.
4. Die Kartoffeln mit dem Stampfer zerkleinern oder pürieren und die Speck-Zwiebel-Mischung aus der Pfanne zugeben. Alles mit Salz und Pfeffer abschmecken und zum Schluss den zerbröselten Lorbeer untermischen.
5. Die gestampften Kartoffeln mithilfe eines Wurstfüllers in die Hülle geben, sodass 12–15 cm lange Würste entstehen. Mit einem Zahnstocher mehrmals einstechen, damit die Hülle beim Braten nicht aufplatzt.
6. Die Würstchen auf einem gefetteten Rost im Ofen 15–20 Minuten braten, bis sie goldbraun sind.
7. Die Kartoffelwürstchen warm mit Sauerrahm servieren.

ДЕРУНИ, ФАРШИРОВАНІ М'ЯСОМ

#27 DERUNYFARSHYROVANI MYASOM UKRAINISCHE »RÖSTI« MIT HACKFLEISCH

1 STUNDE | 4 PERSONEN

ZUTATEN

- 6–8 Kartoffeln
- 200 g Sauerrahm
- 2 Zwiebeln
- 2 Eier
- 4–5 EL Mehl
- 150 g Salo (ukrainischer Rückenspeck vom Schwein), Schweinespeck oder fetter Bauchspeck, gewürfelt
- 350 g Hackfleisch (am besten frisch durch den Fleischwolf gedreht)
- 2 EL Tomatenmark
- 5–6 EL Pflanzenöl
- Salz, Pfeffer

1. Den Backofen auf 180 °C vorheizen.
2. Die Kartoffeln auf der groben Seite der Vierkantreibe raspeln. Dann auf der feinen Seite eine der beiden Zwiebeln reiben. 1 EL Sauerrahm, die geriebene Zwiebel sowie Eier, Salz, Pfeffer und Mehl zugeben. Alles gut verrühren und die Masse in einer heißen Pfanne mit Öl von beiden Seiten goldbraun braten.
3. In einer zweiten Pfanne den gewürfelten Speck auslassen und die in kleine Würfel geschnittene zweite Zwiebel darin anbraten. Das Hackfleisch zugeben und anbraten, bis es halbgar ist. Tomatenmark, etwas Wasser sowie Salz und Pfeffer unterrühren und 5 Minuten braten, bis die Flüssigkeit verdunstet ist.
4. Die gebratene Kartoffelmasse und das Hackfleisch auf Portionsschalen aufteilen und jeweils 2 EL Sauerrahm daraufgeben.
5. Im heißen Ofen 15–20 Minuten backen und mit Sauerrahm als Beilage servieren.

#28

BORENCHYK KARTOFFELKUCHEN

1 STUNDE | 6 PERSONEN

ZUTATEN

- 1 kg Kartoffeln
- 4 EL Maismehl
- 4 EL Weizenmehl
- 3 Eier
- 150 g süße Sahne
- 5 Zweige Thymian
- 200 g Butter

Für die Sauce

- 2–3 EL Tomatenmark
- 3–5 Knoblauchzehen
- 1 TL Chilipulver
- 1 TL geräuchertes Paprikapulver
- 1 TL Paprikaflocken
- 1 Zitrone
- 1 EL Zucker
- Salz, Pfeffer

1. Den Backofen auf 180 °C vorheizen.
2. Die Kartoffeln auf der groben Seite der Vierkantreibe raspeln. Die Masse mit Salz und Pfeffer würzen und mit Sahne, Eier sowie Mais- und Weizenmehl verrühren.
3. Eine Keramikform buttern und mit Maismehl bestauben. Die Kartoffelmasse in die Form geben, etwa 100 g der Butter in Flöckchen schneiden und darauf verteilen, dann mit Thymianblättchen bestreuen.
4. Im heißen Ofen 35–40 Minuten backen.
5. Für die Tomatensauce das Tomatenmark mit Knoblauch, den drei Paprikapulvern und etwas Wasser in einem Topf verrühren. Zum Kochen bringen und einige Minuten köcheln lassen, dann mit Salz, Zucker, Pfeffer, Zitronensaft und geriebener Zitronenschale nach Belieben abschmecken. Alles zu einer glatten Paste pürieren.
6. Den Kuchen in portionsgroße Stücke schneiden und mit der Tomatensauce sowie zerlassener Butter servieren.

VORSPEISEN

ÜBER POLTAWA

Ich war schon kreuz und quer durch die Ukraine gereist, bevor ich gegen Ende meiner Reise schließlich in Poltawa ankam. Ich habe mir sozusagen das Beste bis zum Schluss aufgehoben, und wie es sich zeigte, lag ich damit sehr richtig. Poltawa bietet ein Konzentrat all dessen, was ukrainisch ist, und war somit bei meinen Erkundungen der Nationalküche eine sehr folgerichtige letzte Etappe.

Poltawa ist nicht einfach nur eine Stadt. Es ist der kulinarische Umschlagplatz ukrainischer Küche: Poltawa scheint während der ganzen Zeit, in der die ukrainische Identität systematisch bedroht war, wie unter einer schützenden Kuppel verweilt zu haben. Von hier stammt der ukrainische Schriftsteller Ivan Kotliarevsky, der maßgeblich an der Entstehung der modernen ukrainischen Literatur beteiligt war. In seinem Werk *Enejida* aus dem frühen 19. Jahrhundert ließ er Dutzende ukrainischer Speisen mit einfließen. Dies war ihm auf so elegante Weise gelungen, dass später die Sowjets es nicht mitbekamen und das Werk deshalb nicht ebenso zerstörten wie alles andere, was ukrainisch war. Ich wäre nicht allzu überrascht zu hören, dass die Einwohner von Poltawa seit Anfang des 19. Jahrhunderts anstelle des abendlichen Gebets die *Enejida* lasen und morgens als Erstes ukrainische Speisen zubereiteten wie etwa *shpundra* (mit eingelegten Rüben gebackenes Fleisch), *halushky* (kleine durch Löcher gedrückte Nocken), *putria* (ein Gericht aus Gerstenschrot) und vieles mehr, alles, um die ukrainische Küche sowohl in ihren Erinnerungen als auch in der gelebten Wirklichkeit lebendig zu halten. So ist es ihnen gelungen, ihre ukrainische Identität aufrechtzuerhalten, denn sie bewahrten erfolgreich die Traditionen und die Atmosphäre, die andere nur noch aus Büchern kannten. Gut, nun mag die Küche von Poltawa nicht zu den raffiniertesten gehören. Die ukrainische Küche insgesamt kann sich sicherlich weiterentwickeln, aber Poltawa liefert dabei das Wichtigste: die Grundlagen. Und diese sind zu hundert Prozent ukrainisch. Sogar die authentischen Rezepte für Zuckerrüben- und Rote-Bete-Kwas sind hier bewahrt worden. Und vor allem ist es ihnen gelungen, die einzigartigen ukrainischen Kochmethoden zu bewahren. Man braucht sie nur noch aufzugreifen und einen Schritt weiterzuentwickeln.

Global gesehen sind die Einwohner von Poltawa genauso sehr Foodies wie die Franzosen. Mitten in der Stadt wurde den *halushky* sogar ein Denkmal errichtet. Mit etwas Engagement könnte die Küche von Poltawa zweifellos gegenüber so gut wie jedem Kontrahenten bestehen. Sie muss nur etwas aufpoliert und den heutigen Anforderungen angepasst werden, ohne natürlich dabei ihren prägenden Charakter abzuändern. Diese Mission ist alles andere als »impossible«, denn Poltawas Einwohner haben genau die richtige Mentalität. Sie schätzen, lieben und kochen ukrainische Gerichte. Vor langer Zeit haben sie sogar Gogol zum Verfassen höchst eindringlicher Beschreibungen der Landesküche inspiriert. Wenn man es also ernst meint mit einer Wiederaufwertung der ukrainischen Landesküche, dann gäbe es schlechtere Ausgangspunkte als Poltawa und dessen Umgang mit dem Thema.

ÜBER ODESSA

Mein Verhältnis zu Odessa war keineswegs Liebe auf den ersten Blick. Nicht einmal auf den zehnten, ehrlich gesagt. Ich konnte nicht nachvollziehen, was alle daran fanden. Und den Humor der Stadt und das Essen mochte ich auch nicht. Mit anderen Worten, ich hatte das Wesentliche nicht begriffen. Das geschah erst, als ich zufälligerweise in einen kleinen Hof stolperte, einer bemerkenswerten ukrainisch-jüdischen Familie begegnete, mit ihnen den Pryvoz Markt besuchte und mit ihnen Borschtsch kochte. Als wir draußen saßen und alle genüsslich ihren Borschtsch schlürften, erschloss sich mir der einzigartige Zauber von Odessa. Wichtig war nicht, was gegessen wurde, sondern vielmehr, mit wem man beim Essen zusammensaß. Die Menschen in Odessa sind geprägt durch starke familiäre Verbindungen, Gemeinschaftsgeist und ein Gefühl der Verbundenheit. Sie gewähren Fremden nicht so schnell Einlass in ihr Netzwerk persönlicher Verbindungen, die sie sehr ernst nehmen. Gleichzeitig können sie wunderbar über das Leben lachen, was ihren besonderen Reiz ausmacht. Durch die starke Verbundenheit innerhalb ihrer Gemeinschaft haben sie eine eigene Welt geschaffen, zu der Fremde kaum Zutritt haben. Die Gelassenheit, mit der sie dem Schicksal gegenübertreten, hat ihnen dabei geholfen, dunkle Zeiten zu überstehen. All diese Faktoren haben dazu beigetragen, dass sich in Odessa, genau wie in Poltawa, die Traditionen und die Küche bewahren konnten.

#29 PALIUSHKY KARTOFFELPLÄTZCHEN

60 MINUTEN | 6 PERSONEN

ZUTATEN

- 1 kg mehligkochende Kartoffeln
- 3 Knoblauchzehen
- 1 Lorbeerblatt
- 2 Eigelb, plus 1 separat
- 160–200 g Weizenmehl
- 1 Bund Petersilie
- 50 g Butter
- Salz, Pfeffer nach Geschmack

Für die Sauce

- 5 Stängel Petersilie
- 5 Stängel Dill
- 100 ml Wasser
- 100 ml Pflanzenöl
- 50 g Hartkäse
- Saft von ½ Zitrone
- 2 Knoblauchzehen
- Salz, Pfeffer

1. Den Backofen auf 180 °C vorheizen.
2. Die geschälten Kartoffeln in beliebig große Scheiben schneiden. Im Topf mit Wasser bedecken und mit Salz, Lorbeerblatt und 3 Knoblauchzehen 15–20 Minuten garen, bis sie weich sind.
3. Die gegarten Kartoffeln abgießen und den Knoblauch sowie das Lorbeerblatt wegwerfen. Die Kartoffeln zu Püree verarbeiten. Für das Püree können gut auch ungeschälte Pellkartoffeln vom Vortag verwertet und im Standmixer püriert werden.
4. Dann 2 Eigelbe, Salz, Pfeffer und Mehl zugeben und alles zu einem Teig verrühren.
5. Aus dem Teig mit einem Löffel oder einem Spritzbeutel Kartoffelplätzchen formen und auf ein mit Backpapier ausgelegtes Backblech legen.
6. Mit dem verquirlten dritten Eigelb einpinseln und 15 Minuten im Ofen goldgelb backen.
7. Für die grüne Sauce Petersilie und Dill grob hacken und mit Wasser, Öl, geriebenem Hartkäse, Zitronensaft, Knoblauch und Salz in einem Standmixer zu einer cremigen Sauce verarbeiten.
8. Die Kartoffelplätzchen kalt oder warm mit der grünen Sauce garniert servieren.

#30

PASHTET Z PECHINKI LEBERCREME

50 MINUTEN | 4–6 PERSONEN

ZUTATEN

- 500 g Hühnerleber
- 1 Zwiebel
- 1–2 Knoblauchzehen
- 2–3 Zweige Thymian
- 100 g Butter
- 2 EL Pflanzenöl
- 70 ml Weinbrand
- 150 g süße Sahne
- Salz, Pfeffer

Für die Sauce

- 500 g schwarze Johannisbeeren
- 250 g Zucker
- 1 Prise frisch gemahlener schwarzer
- Pfeffer
- 1 Prise Salz

1. Zwiebeln und Knoblauch fein hacken und in einer Mischung aus etwas von der Butter und Öl anbraten, bis die Zwiebel weich und glasig ist. Anschließend einen Zweig Thymian und 1 Prise Salz zugeben.
2. Die Hühnerlebern von Fett und Häuten befreien und in der Pfanne mit den Zwiebeln braten, bis sie gar sind.
3. Den Weinbrand zugießen und einige Minuten kochen lassen, bis er verdunstet ist. Die Pfanne vom Herd nehmen und die Lebern abkühlen lassen.
4. Den Thymian herausnehmen und die Leber in den Standmixer füllen. Mit der Sahne, der restlichen Butter, Pfeffer und 1 weiteren Prise Salz glatt pürieren.
5. Für die Sauce die schwarzen Johannisbeeren und den Zucker in einem Topf mischen. Etwas Wasser zugeben und 10 Minuten kochen lassen.
6. 1 Prise frisch gemahlenen schwarzen Pfeffer und Salz zugeben und glatt pürieren. Die Lebercreme kalt mit der Johannisbeersauce servieren.

#31

KVASHA
OBST-KWAS-SPEISE

25 MINUTEN | 2-4 PERSONEN

ZUTATEN

- 5 Scheiben Roggenbrot (zusätzlich 150 g Brot zum Rösten in dünnen Scheiben)
- 300 ml Kwas
- 100 g gedörrte oder geräucherte Birnen und Äpfel
- Saft von ½ Zitrone
- 50 g Walnusskerne
- 1 Prise gemahlener roter Chili
- 1 Prise Salz

1. Den Backofen auf 180 °C vorheizen.
2. Die 5 Scheiben Roggenbrot 10 Minuten in Kwas einweichen. Gedörrte oder geräucherte Birnen und Äpfel (ähnlich wie die, die für *Uzwar* verwendeten) zur Brot-Kwas-Mischung geben.
3. Alles aufkochen lassen und dann vollständig abkühlen lassen. Nach dem Erkalten die gekochten Früchte herausnehmen.
4. Die weiche Brotmasse entweder durch ein Sieb passieren oder im Standmixer cremig pürieren. Mit Zitronensaft, frisch gemahlenem schwarzem Pfeffer, Chilipulver und Salz nach Belieben abschmecken.
5. Für die Brotchips das Brot in dünne Scheiben schneiden und im heißen Backofen 3 Minuten rösten.
6. Die *Kvasha* mit fein gehackten Walnusskernen bestreut servieren und das geröstete Brot dazu reichen.

#32

PUTRYA HÄHNCHEN MIT GERSTENGRÜTZE

1 STUNDE | 2 PERSONEN

ZUTATEN

- 100 g Gerstenschrot
- 200 ml hausgemachtes Kwas
- 1 Hähnchenbrustfilet
- 1 TL Paprikapulver
- 1 EL Zitronensaft
- 1 EL Pflanzenöl
- 1 Karotte
- 1 Zucchini
- Salz, Pfeffer

Hausgemachte Mayonnaise

- 1 Eigelb
- ½ TL süßer Senf
- 100–150 ml Pflanzenöl
- 1 EL Zitronensaft
- Salz, Pfeffer

1. Den Backofen auf 180 °C vorheizen.
2. Die fein geschrotete Gerste in hausgemachtem Kwas mindestens 6–8 Stunden einweichen, am besten über Nacht.
3. Das Hähnchenbrustfilet 10 Minuten in eine Marinade aus Salz, Pfeffer, Paprikapulver, Zitronensaft und Öl einlegen.
4. Das Fleisch auf ein mit Backpapier ausgelegtes Backblech legen und im Ofen 25–30 Minuten gut durchgaren.
5. Die Karotte und die Zucchini mit einem Sparschäler in sehr feine Scheiben schneiden.
6. Für die hausgemachte Mayonnaise das Eigelb in einer kleinen Schüssel mit Senf, Salz und Pfeffer mischen, Zitronensaft zugeben und verquirlen. Dabei nach und nach tropfenweise das Öl einquirlen, bis die Mayonnaise sämig und glatt ist.
7. Das Gemüse mit der hausgemachten Mayonnaise überziehen und auf Tellern anrichten.
8. Das in dünne Scheiben geschnittene Fleisch mit der eingeweichten Gerstengrütze über das Gemüse geben und sofort servieren.

МАРИНОВАНІ ГРИБИ, ЯБЛУКА, ЦИБУЛЯ

#33

MARINOVANI HRIBY, YABLUKA, TSYBULYA
SAUER EINGELEGTE PILZE, ÄPFEL UND ZWIEBELN

15 MINUTEN | 6 PERSONEN

ZUTATEN

Für die Pilze

- 400 g Champignons
- 500 ml Wasser
- 4 EL Essig
- 1 TL Zucker
- 2 Lorbeerblätter
- 5 schwarze Pfefferkörner
- 3 Pimentkörner
- 3 Stängel Dill
- ½ TL Koriandersamen
- 2–3 Knoblauchzehen
- ½ Zwiebel
- 3 TL Salz

Für die Äpfel

- 4 Äpfel
- 5 EL Zucker
- 4 TL Salz
- 3 Stängel Dill
- 8 schwarze Pfefferkörner

Für die roten Zwiebeln

- 3 rote Zwiebeln
- 1 TL Koriandersamen
- 2 TL Salz
- 8 EL Zucker
- 500 ml Wasser
- 5 schwarze Pfefferkörner

Eingelegte Pilze: Die Pilze gut waschen und mit Küchenpapier trockentupfen. Für die Marinade die folgenden Zutaten in 500 ml Wasser geben: Essig, Zucker, Lorbeerblatt, schwarzer Pfeffer und Pimentkörner, fein gehackter Dill, Koriandersamen, gepresster Knoblauch, Salz und in feine Halbringe geschnittene Zwiebeln. Das Wasser leicht erwärmen, damit Salz und Zucker sich besser auflösen und die Gewürze ihr Aroma gut entfalten. Die Pilze mit der Marinade bedecken und mindestens 1–2 Stunden ziehen lassen.

Eingelegte Äpfel: Die Äpfel gut waschen und waagrecht in dünne Scheiben schneiden. Mit Zucker und Salz bestreuen. Fein gehackten Dill und Pfefferkörner darüber verteilen. Etwas Wasser zugeben und 1 Stunde durchziehen lassen.

Eingelegte rote Zwiebeln: Zimmerwarmes Wasser mit Zucker und Gewürzen verrühren, bis der Zucker vollständig aufgelöst ist. Die Zwiebeln abziehen und in feine Ringe oder Halbringe schneiden. Diese in einer kleinen Schüssel mit der Marinade bedecken und 1–2 Stunden ziehen lassen.

SUPPEN UND BRÜHEN

ÜBER BORSCHTSCH

Borschtsch ist das erste Gericht, das ich jemals gekocht habe. Ich war acht, als mein Vater es mir beibrachte. Als ich eines Tages von der Schule nach Hause kam, warf er, ohne ein Wort der Warnung, einen Kohlkopf in meine Richtung und verkündete feierlich, es sei nun an der Zeit. Mit wenig Begeisterung angesichts dieser Wendung schnippelte ich gehorsam den Kohl, aber irgendwann fing es an, mir Spaß zu machen. Mein Vater und ich kochten Borschtsch nach dem Rezept, das in unserer Familie immer schon vom Vater an den Sohn weitergegeben wurde. Ein besonderer Borschtsch und ich war aufgeregt vor Freude und Stolz. Und dieses Gefühl hat mich seitdem immer erfasst, wenn ich Borschtsch koche.

Das war der Beginn meiner Küchengeschichte. Eine Zeit lang dachte ich, ich sei ein Sonderling, war doch in meiner Familie niemand besonders erpicht aufs Kochen. Die meisten meiner Verwandten betrachteten es eher als lästige Pflicht, irgendwann aber fand ich schließlich heraus, dass mein Großvater sehr gern kochte. Es war also gar nicht so, dass ich so ein Sonderling war: Borschtsch und die Begeisterung für neue Geschmacksnuancen waren in meinen Genen angelegt.

Übrigens, immer wenn ich etwas brauche, um mich aufzumuntern, denke ich an Borschtsch. Man muss sich Zeit nehmen und Borschtsch würdigen, schlürfen und den Genuss in die Länge ziehen. Man kann ihn mit einer Scheibe Speck auf Roggenbrot essen oder mit einem Schuss kaltem Wodka dazu. Man kann ihn auch mit Zwiebeln und Knoblauch essen, um ihm eine pikante Schärfe zu verleihen.

Es war mir immer klar, dass Borschtsch nicht nur Teil meiner eigenen Geschichte ist. Ich fasste daher den Entschluss, die Ukraine zu bereisen, in jeder Region mit Menschen zu reden und mit ihnen nach ihren jeweiligen Rezepten Borschtsch zu kochen. Dieser Trip hat mein Leben verändert. Mein Verhältnis zu Borschtsch wurde noch viel enger und persönlicher. Aus einem Gericht, dass jeder Ukrainer, jede Ukrainerin kocht, ist für mich ein Symbol der nationalen Einheit geworden. Man überlege sich einmal – wir mögen allesamt unterschiedliche Lebensweisen, Persönlichkeiten, Standpunkte oder Ansichten haben, aber eine Sache verbindet uns über alles hinweg und das ist unsere Liebe zu Borschtsch. Wenn man mir sagt, die Flüssigkeit, die durch ukrainische Adern fließt, sei Blut, dann schüttle ich nur den Kopf. Nein, liebe Freunde, roter Borschtsch ist es, der schon seit Jahrhunderten durch die Adern der Ukrainer fließt.

Ich habe Gänse-Borschtsch mit Pflaumen gekostet, zubereitet nach einem Rezept von

Freunden. In Poltawa habe ich schwarzen Borschtsch mit geräucherten Birnen und Borschtsch mit *halushky* gekostet. Im Dorf Topilche (Oblast Iwano-Frankiwsk im Westen des Landes) habe ich die Art Borschtsch probiert, die bei den Huzulen beliebt ist: Ohne Tomaten, aber mit *huslianka*, einem köstlichen joghurtähnlichen Milchprodukt. Nachdem ich in Wylkowe Fisch-Borschtsch gekostet habe, wurde mir endlich klar, warum Taras Schewtschenko Borschtsch mit Karpfen liebte. Für alle, denen dieser Name nichts sagt, er war nicht nur ein ukrainischer Lyriker, sondern auch ein leidenschaftlicher Foodie, der feinen Austern und bestem Sekt keineswegs abgeneigt war. Anders als viele meinen, war sein Leben nicht nur ein Leidensweg, dies wurde nur von manchen verbreitet, die die Biografie des Schriftstellers verfälscht hatten. Er war gern gesehener Gast bei jedem Fest. Nach seiner Zeit als Leibeigener eines Gutsherrn führte er ein abwechslungsreiches Leben mit vielen interessanten Erlebnissen, Menschen und kulinarischen Erfahrungen. Es ist also wirklich nicht verwunderlich, dass Karpfen-Borschtsch auf seinem Speiseplan stand. In Odessa ließ mich eine jüdische Familie an ihrem Rezept für Hähnchen-Borschtsch teilhaben. In Uschhorod kochte ich *bohrach*-Borschtsch mit scharfen Chilischoten und hausgemachten Würstchen über offenem Feuer. Hoch in den Bergen traf ich auf Yanko, der mich mit Borschtsch mit Pilzen und Wildkräutern verwöhnte und mir seinen hausgemachten Wodka vorsetzte (Details zu diesem überspringen wir besser). An der Grenze zu Belarus stieß ich auf ein einsames Haus. Sein Hausherr, der 80 Jahre alte Mykola Pylypovych, nennt das alte Borschtsch-Rezept mit Sauerkraut und Honig sein eigen. Jede dieser Varianten von Borschtsch war so gut, dass ich eine Gänsehaut bekam. Ich kann schon nicht mehr zählen, wie oft ich vor Freude geweint habe. Unglaublicher Geschmack. Unglaubliche Menschen. Unglaublicher Borschtsch. Und er ist ganz und gar unser, ukrainisch.

КУРЯЧИЙ СУП-ЛАПША

#34 KURYACHIY SUP-LAPSHA HÜHNERSUPPE MIT NUDELN

60 MINUTEN | 6 PERSONEN

ZUTATEN

- ½ Huhn
- ⅓ Stange Sellerie
- 1 Zwiebel
- 1 Knoblauchzehe
- 1 Karotte
- Salz, Pfeffer

Für die marinierten Zwiebeln

- 2 rote Zwiebeln
- 2 EL Essig
- 1 EL Zucker
- 2–3 Stängel Dill
- 1 EL Pflanzenöl

Für den Teig

- 200 g Weizenmehl
- 2 Eier
- 1 EL Pflanzenöl
- 1 TL Salz

1. Den Backofen auf 220 °C vorheizen.
2. Das Huhn mit Salz, Pfeffer und 1 EL Öl einreiben. Auf ein mit Backpapier ausgelegtes Backblech legen und im Ofen 20 Minuten braten.
3. Für die Brühe das gebratene Hähnchen in einen Topf legen und mit etwa 2½ l Wasser bedecken. Staudensellerie, Zwiebeln, Karotten und Knoblauch in grobe Stücke geschnitten dazugeben und 40 Minuten kochen lassen. Nach Geschmack noch Salz zugeben.
4. Für den Nudelteig Mehl, Salz und 1 EL Öl mischen und zu einem festen Teig verkneten. Im Kühlschrank 20 Minuten ruhen lassen.
5. Die roten Zwiebeln in feine Ringe schneiden und in einer Essiglake mit Zucker, Salz, fein gehacktem Dill und einem Schuss Wasser marinieren.
6. Den Teig dünn ausrollen und mit einem Messer in lange Nudeln schneiden. Wenn die Suppe fast fertig ist, die Nudeln zugeben und 1–2 Minuten darin garen. Fertig ist die Suppe.
7. Mit den marinierten Zwiebeln servieren.

#35 VEGANSKIY BORSHCH VEGANER BORSCHTSCH

50 MINUTEN | 6 PERSONEN

ZUTATEN

- ¼ Sellerieknolle
- 1 Zwiebel
- 1 Karotte
- 1 Rote Bete
- 2 Lorbeerblätter
- 3 Pimentkörner
- 2–3 Knoblauchzehen
- 2 l Wasser
- ½ Kopf Weißkohl
- 3–4 Kartoffeln
- 3–4 EL Pflanzenöl
- ½ rote Paprikaschote
- 250 ml Tomatensaft
- Salz, Pfeffer

Für das Rote-Bete-Kwas

- 500 g Rote Bete
- 200 g Zucker

Für den Knödelteig

- 150 g Weizenmehl
- 75 g Wasser
- 1 EL Pflanzenöl
- 1 Prise Salz

1. Das Rote-Bete-Kwas im Voraus zubereiten (siehe Rezept auf Seite 165).
2. Für den Knödelteig das Mehl mit Wasser, 1 Prise Salz und 1 EL Öl mischen. So lange kneten, bis der Teig elastisch ist und nicht mehr klebt. Mit einem Geschirrtuch oder Frischhaltefolie abgedeckt im Kühlschrank 20 Minuten ruhen lassen.
3. Für die Gemüsebrühe große Stücke Knollensellerie, Karotten, Knoblauch und Zwiebeln mit Lorbeerblatt, Piment und Salz in Wasser garen.
4. Die Kartoffeln in mittelgroße Würfel schneiden, die Roten Beten in kleine Würfel schneiden und beides in der Brühe mitgaren.
5. Den Kohl in feine Streifen schneiden. Diese in den Borschtsch geben.
6. Die in Stücke geschnittene rote Paprikaschote in einer Pfanne anbraten, dann den Tomatensaft zugeben. Alles zu einem Püree einkochen lassen und dann zum Borschtsch geben.
7. Kleine Teigstücke zu Knödeln formen und in den Topf mit dem kochenden Borschtsch geben.
8. Wenn die Knödel an die Oberfläche steigen, den Rote-Bete-Kwas dazugießen und mit Salz und Pfeffer abschmecken.

РИБНИЙ СУП (З МАРИНАДОМ)

#36 RYBNIY SUP
FISCHSUPPE NACH ART VON WYLKOWE MIT SALAMUR

30 MINUTEN | 6 PERSONEN

ZUTATEN

- 1 ½–2 kg Silberkarpfen
- 1 Petersilienwurzel
- 3–5 Knoblauchzehen
- 2 Lorbeerblätter
- 1 rote Paprikaschote
- 4–5 mehligkochende Kartoffeln
- 3 l Wasser
- 2–3 Tomaten
- 2–3 EL Pflanzenöl
- 5 Stängel Dill
- 2–3 EL Essig
- 1 Scheibe Brot
- Salz und Pfeffer nach Geschmack

Für die Marinade

- 250 ml Fischbrühe
- 5 Stängel Dill
- 2 Knoblauchzehen
- 2–3 EL Essig

1. Den Fisch entschuppen und ausnehmen. Gut waschen und in große Stücke zerteilen.
2. Den Fisch in einen Topf legen, mit Wasser bedecken und 10 Minuten mit Petersilienwurzel (in grobe Stücke geschnitten), 2 Knoblauchzehen, den Lorbeerblättern und der in kleine Würfel geschnittenen roten Paprikaschote kochen lassen. Mit Salz und Pfeffer abschmecken.
3. Von der Brühe 1 Tasse für die Salamur-Marinade abnehmen und in einem Einmachglas abkühlen lassen.
4. Die Kartoffeln in mittelgroße Würfel schneiden und in der Brühe mitgaren, bis sie weich sind.
5. Ganz zum Schluss gehäutete und geraspelte Tomaten zugeben. Die Suppe zum Kochen bringen, 4–5 Minuten kochen lassen und dann den Herd ausschalten. Die Fischsuppe ist nun fertig.
6. Für die Salamur-Marinade fein gehackten Dill, gepressten Knoblauch und Essig in das Einmachglas mit der kalten Fischbrühe geben und gut mischen.
7. Die Fischsuppe heiß servieren mit Salamur und einer Scheibe kräftigem Brot.

#37

BOHRACH EINTOPF NACH UNGARISCHER ART

90 MINUTEN | 6 PERSONEN

ZUTATEN

- 100 g Rückenspeck oder fetter Bauchspeck (am besten ukrainischen Salo)
- 600 g Rindfleisch
- 1–2 Zwiebeln
- 4–5 Kartoffeln
- 2 Tomaten
- 2 Paprikaschoten
- ½ scharfe Chilischote
- 1–2 EL Tomatenmark
- 1–2 EL geräuchertes Paprikapulver
- 1–2 EL edelsüßes Paprikapulver
- Salz, Pfeffer

1. Den Speck fein würfeln und in einer Pfanne mit hohem Rand oder einem Topf auslassen.
2. Das Fleisch in kleine Stücke schneiden und im ausgelassenen Fett rundum braun anbraten.
3. Die Zwiebeln in 4–8 Stücke schneiden und kurz mit anbraten.
4. Die in beliebig große Stücke geschnittenen Kartoffeln ebenfalls dazugeben.
5. Die Tomaten und die Paprikaschoten in Stücke schneiden und im Topf kurz mit anbraten.
6. So viel Wasser zugießen, dass alles bedeckt ist, Tomatenmark dazugeben und den Eintopf 30–40 Minuten schmoren lassen.
7. Den Eintopf mit dem frischen Chili, dem geräuchertem und dem edelsüßen Paprikapulver sowie Salz und Pfeffer abschmecken.
8. Das fertige Bohrach 20–30 Minuten durchziehen lassen, damit sich die Aromen gut entfalten können. Den Eintopf heiß servieren.

#38

KHOLODNYK KALTE SUPPE MIT PILZSAFT

90 MINUTEN | 4 PERSONEN

ZUTATEN

- 2 Rote Beten
- 300 ml Wasser
- ½ Zwiebel
- 2 TL Essig
- 3–4 schwarze Pfefferkörner
- 2 Eier
- 3 Stängel Petersilie

Für den Pilzsaft

- 150 g Champignons oder Austernpilze
- 500 ml kaltes Wasser
- Saft von ½ Zitrone
- Salz

1. Den Backofen auf 180 °C vorheizen.
2. Für den Pilzsaft die Champignons oder Austernpilze fein hacken und in ein hohes Gefäß geben. Mit dem Wasser bedecken, Salz und Zitronensaft dazugeben und alles mit dem Stabmixer fein pürieren. Das Püree 1–2 Stunden durchziehen lassen. Dann abseihen, um nur den feinen Saft zu erhalten.
3. Eine der beiden Roten Beten gut waschen und mit der Schale 1 Stunde garen.
4. Die zweite Bete schälen und auf der groben Seite einer Vierkantreibe raspeln. Die Raspel in einen kleinen Topf geben, mit dem Wasser und dem Essig bedecken, Zwiebel und schwarzen Pfeffer zugeben und 15–20 Minuten kochen lassen. Kurz vor Ende der Kochzeit Salz unterrühren. Den Topf vom Herd nehmen, die Brühe vollständig abkühlen lassen und dann abseihen.
5. Die Eier 3–4 Minuten kochen und dann sofort in kaltem Wasser abschrecken.
6. Die fertig gegarte Rote Bete schälen und in dünne Scheiben schneiden.
7. Die Scheiben auf Suppenteller verteilen und mit kaltem Pilzsaft sowie der Brühe der Roten Bete übergießen. Die gekochten und geschälten Eier halbieren und auf den Teller legen. Das Eigelb sollte flüssig sein und in der Suppe verlaufen.
8. Mit fein gehackter Petersilie garniert servieren.

#39

TARATUTA KALTE ROTE-BETE-SUPPE

90 MINUTEN | 4 PERSONEN

ZUTATEN

- 2 frische Rote Beten
- 1–2 grüne säuerliche Äpfel
- 2 eingelegte Gurken mit Lake
- 1 kleine Zwiebel
- 1 EL Meerrettich
- Saft von ½ Zitrone für das Dressing (optional)
- 500 ml Rote-Bete-Kwas (Rezept Seite 165)
- Salz, Pfeffer

1. Den Backofen auf 180 °C vorheizen.
2. Die Roten Beten waschen, trockentupfen und in Alufolie eingewickelt im Ofen garen (etwa 1¼ Stunde).
3. Die gegarten und abgekühlten Beten schälen und in dünne Scheiben schneiden.
4. Die Äpfel und die eingelegten Gurken in Stäbchen schneiden.
5. Die Zwiebel in feine Ringe schneiden.
6. Rote Bete, Gurken und Äpfel mischen, Meerrettich und Zitronensaft dazugeben und alles mit Rote-Bete-Kwas und der Lake übergießen und alles gut verrühren.
7. Mit Salz und Pfeffer abschmecken.
8. Die Suppe an einem kühlen Ort etwa 1 Stunde durchziehen lassen und kalt servieren.

#40

SUP Z KACHKY
ENTENSUPPE

4 STUNDEN | 4 PERSONEN

ZUTATEN

- 100 g Buchweizen
- 150 ml Tomatensaft
- 500 g Entenhälse
- 1 Entenkarkasse oder 300 g Rinderknochen
- 2 ½ l Wasser
- 1 Zwiebel
- 1 Karotte
- ¼ Sellerieknolle
- 2–3 Knoblauchzehen
- 2 Lorbeerblätter
- 5 Pimentkörner
- 2 Äpfel
- Salz

1. Den Buchweizen unter fließendem Wasser gut spülen und dann in einem Topf mit dem Tomatensaft und ebenso viel Wasser bedecken. 2 Stunden einweichen.
2. In der Zwischenzeit aus den Entenhälsen und der Karkasse beziehungsweise den Rinderknochen eine Brühe kochen. Die Hälse von der Haut befreien, in 3–5 cm lange Stücke schneiden und im Topf mit dem restlichen Wasser übergießen. Zwiebel, Knoblauch, Karotte und Knollensellerie in beliebig große Stücke schneiden und zur Brühe geben.
3. Dann einen der beiden Äpfel vierteln und mit Piment und Lorbeerblättern ebenfalls zugeben und die Brühe 90 Minuten kochen lassen. Das Gemüse herausnehmen und wegwerfen (das Aroma ist bereits an die Brühe abgegeben) und mit Salz abschmecken. Den eingeweichten Buchweizen zugeben und zusammen nochmals 5 Minuten kochen lassen.
4. Den zweiten Apfel in dünne Scheiben schneiden und diese in einer Pfanne von beiden Seiten jeweils 1–2 Minuten braten, bis sie weich sind.
5. Man kann die Knochen von den Hälsen entfernen, aber ich serviere die Suppe gern mit portionsgerechten Stücken.
6. Vor dem Servieren die gebratenen Apfelscheiben auf den Tellern verteilen.

ЗЕЛЕНИЙ БОРЩ

#41

ZELENIY BORSHCH GRÜNER BORSCHTSCH

1 STUNDE | 6–8 PERSONEN

ZUTATEN

- 2 Hähnchenviertel
- 3 l Wasser
- 2 Zwiebeln
- 1 Karotte
- ¼ Sellerieknolle
- 2–3 Lorbeerblätter
- 3–4 Pimentkörner
- 3–4 mehligkochende Kartoffeln
- 1 Bund Sauerampfer
- 1 Bund Brennnessel
- 3–4 Eier
- 3 EL Pflanzenöl
- 10 Stängel Petersilie
- Salz

1. Die Hähnchenviertel gut waschen und mit Küchenpapier trockentupfen. Mit einer ganzen Zwiebel in einen Topf geben und mit Wasser bedecken. ½ Karotte und den Knollensellerie in große Stücke schneiden und mit Lorbeerblättern und Pimentkörnern in den Topf geben. Auf niedriger Stufe 30 Minuten garen. Anschließend das Gemüse herausnehmen und wegwerfen (es hat sein Aroma an die Brühe abgegeben und wird nicht mehr gebraucht).

2. Die zweite Zwiebel fein würfeln und in einer leicht geölten Pfanne weich dünsten. Die halbe Karotte grob raspeln, zur Zwiebel geben und 5 Minuten mitbraten.

3. Die Kartoffeln in beliebig große Stücke schneiden und in der Suppe 15 Minuten gar kochen lassen.

4. Die Eier in einen Topf mit gesalzenem Wasser zum Kochen bringen und 5 Minuten kochen lassen, dann abgießen und kurz unter kaltem Wasser abschrecken, damit sie sich leichter pellen lassen.

5. Kurz vor Ende der Kochzeit die Hälfte vom Sauerampfer sowie die Brennnessel hacken.

6. Den restlichen Sauerampfer zusammen mit der Petersilie und 150 ml Wasser glatt pürieren. Durch ein Sieb streichen und zusammen mit den gehackten Kräutern zum Borschtsch geben. Aufkochen lassen und dann den Topf vom Herd nehmen.

7. Auf Teller verteilen, jeweils ein halbes Ei darauflegen und heiß servieren.

#42

KALATUSHA FISCH-GEMÜSE-SUPPE

1 STUNDE 20 MINUTEN | 4–6 PERSONEN

ZUTATEN

Für die Brühe

- 1 Karpfen oder anderer kleiner Fisch
- 10 Stängel Petersilie
- 5–6 Stängel Dill
- 5–6 schwarze Pfefferkörner
- 2 Lorbeerblätter
- 1 Karotte
- 1 Zwiebel
- 30–40 g getrocknete Steinpilze
- Pflanzenöl

Für die Suppe

- 2 EL Weizenmehl
- 2 EL Butter
- 3–4 Karotten
- 1 Sellerieknolle
- Salz, Pfeffer

1. Den Backofen auf 180 °C vorheizen.
2. Für die Brühe Karotten und Zwiebeln in beliebig große Stücke schneiden und in einer Pfanne ohne Fett rösten, bis sie aromatisch duften und am Rand leicht schwarz werden.
3. Das Gemüse in den Topf geben, in dem dann die Suppe gekocht wird. Etwas Öl in die Pfanne geben und den geputzten Fisch darin braten. Den Fisch in den Topf mit dem Gemüse geben und mit 1½ l Wasser übergießen.
4. Die schwarzen Pfefferkörner, die Lorbeerblätter, Salz, Petersilie und Dill zugeben und 40 Minuten kochen lassen für einen intensiven Geschmack.
5. Die Brühe abseihen und wieder in den Topf gießen. Nun getrocknete Steinpilze zugeben und nochmals 30 Minuten kochen lassen.
6. In der Zwischenzeit das Gemüse für die Suppe vorbereiten. Die Sellerieknolle und die Karotte schälen und in Stücke schneiden. Salzen und mit Öl beträufelt 25–30 Minuten im Ofen weich garen. Anschließend im Standmixer pürieren.
7. Die gekochte Brühe erneut abseihen, wieder in den Topf geben und zum Kochen bringen. Zum Andicken 2 EL Mehl mit 2 EL Butter verkneten, zur Suppe geben und behutsam mit einem Schneebesen einquirlen.
8. Zum Servieren 1 EL Karotten-Sellerie-Püree auf jeden Teller geben und vorsichtig etwas Suppe darüber schöpfen. Das Ganze kann mit Steinpilzen und Stücken von gekochtem und von Gräten befreitem Fisch garniert werden.
9. Die Suppe heiß servieren.

KASHA

ÜBER GEROLLTE HIRSE

Das erste Mal habe ich gerollte Hirse in dem Dorf Opishnia entdeckt. Hirse wird dafür mehrere Stunden lang in einer Mischung aus Eiern und Weizenmehl gerollt, bis jedes Hirsekorn davon überzogen ist, seine Größe verdreifacht hat und trotzdem seine perfekte runde Form behalten hat.

Ich bin ganz verrückt danach, denn diese Technik ist so authentisch und so typisch ukrainisch, dass mir die Worte fehlen. Es ist, als sähe man einen alten Freund plötzlich aus einer völlig neuen Perspektive. Ich nahm eines dieser Teig ummantelten Hirsekörner hoch, betrachtete es und dachte: »Das ist beinah die gleiche Technik, die in Italien für Pasta angewandt wird, aber sie gehört uns. Sie ist unsere völlig einzigartige Zubereitungsart.

Gleichzeitig dachte ich zurück an meine Kindheit und erinnerte mich, wie ich das erste Mal Perlsago aß. Ich liebte diese glatte und weiche Textur im Mund. Und jetzt habe ich viele Jahre später entdeckt, dass wir dank der gerollten Hirse, dieselbe unnachahmlich fantastische Textur kreieren können.

Seit meiner Reise nach Opishnia habe ich mich noch viel intensiver mit der ukrainischen Küche befasst und begriffen, dass gerollte Hirse längst nicht nur in der Region Poltava zubereitet wird, sondern in der gesamten östlichen Ukraine in den Regionen Dnipro, Donetsk und Luhansk. Für mich wird dieses Gericht jedoch immer mit Poltava verbunden bleiben, da ich es dank eines Ethnographen in Opishnia entdeckt habe.

БАНОШ З ГЛИВАМИ

#43

BANOSH Z GLYVAMI MAISBREI MIT AUSTERNPILZEN

20 MINUTEN | 2 PERSONEN

ZUTATEN

- 100 g Maismehl
- 210 ml Vollmilch
- 85 g Sauerrahm
- 20 g Bryndza-Schafsmilchkäse (kann durch Feta ersetzt werden)
- 300 g Mozzarella
- 1 rote Zwiebel, klein gehackt
- 150 g Austernpilze
- 2 EL Pflanzenöl
- Salz, Pfeffer

1. Das Maismehl in einer heißen Pfanne 2 Minuten rösten.
2. Die Milch angießen. Den Pfanneninhalt unter ständigem Rühren 2 Minuten erhitzen. Den Sauerrahm ebenfalls 1–2 Minuten unterrühren und zum Schluss mit Salz und Pfeffer abschmecken.
3. In einer zweiten Pfanne etwas Öl erhitzen und die Zwiebeln darin 2–3 Minuten goldbraun braten. Die Austernpilze in Streifen schneiden und zu den Zwiebeln geben. Die Pilze so lange braten, bis die Flüssigkeit verdampft ist und sie etwas Farbe bekommen.
4. Zum Servieren eine Schicht heißen Banosh mit geriebenem Bryndza (oder zerkrümeltem Feta) und dem in kleine Stücke geschnittenen Mozzarella bestreuen. Mit einer zweiten Schicht Banosh abdecken, die Austernpilze darauf garnieren und heiß servieren.

#44

MANNA KASHA Z KONOPLYANIM MASLOM
GRIESSBREI MIT HANFÖL

5 MINUTEN | 2 PERSONEN

ZUTATEN

- 100 g Hartweizengrieß
- 500 ml Vollmilch
- 2 EL Hanföl
- 2 TL Hanfsamen
- Salz, Pfeffer

1. Den Grieß in einer heißen Pfanne rösten, bis er aromatisch duftet und ein wenig Farbe annimmt. Die Milch 2–3 Minuten unterrühren, bis der Brei die gewünschte Konsistenz hat. Mit Salz und Pfeffer abschmecken.
2. Zum Frühstück servieren und dafür etwas Hanföl darübergeben und mit Hanfsamen bestreuen.

#45 KULISH HIRSEBREI MIT SAUER EINGELEGTEN TOMATEN UND MOZZARELLA

45 MINUTEN | 6 PERSONEN

ZUTATEN

- 100 g Rücken- oder Bauchspeck vom Schwein (am besten ukrainischen Salo)
- 150 g Hirse
- 3–4 mittelgroße Kartoffeln
- 1–2 Zwiebeln
- 1–2 Lorbeerblätter
- 3–5 Pimentkörner
- ¼ Knolle Sellerie
- 1 Karotte
- 1 Petersilienwurzel
- 2–3 Knoblauchzehen
- 1 l Vollmilch
- 1 l Wasser
- 3–4 EL Pflanzenöl
- 2 mittelgroße Mozzarella-Kugeln
- 3 sauer eingelegte Tomaten
- Petersilie und Dill nach Geschmack
- Salz, Pfeffer

1. Den Speck in gut 1 cm große Würfel schneiden und in einem gusseisernen Schmortopf zerlassen.
2. Die Zwiebeln klein würfeln. Die Knoblauchzehen mit der flachen Messerklinge zerdrücken. Beides im heißen Fett glasig schwitzen.
3. Karotte, Sellerie und Petersilienwurzel klein schneiden und dazugeben. Alles mit Wasser und Milch aufgießen und 15 Minuten köcheln.
4. Piment und Lorbeerblätter dazugeben.
5. Die Kartoffeln schälen, in Stücke schneiden und mit in den Topf geben.
6. Die Hirse in kochend heißem Wasser waschen und einweichen, um sicherzugehen, dass sie nicht bitter schmeckt. Die Hirse abtropfen lassen und zu den anderen Zutaten in den Topf geben. Alles bei niedriger Temperatur 30 Minuten schmoren.
7. Den Hirsebrei mit Salz und Pfeffer abschmecken und für mehr Aroma noch ein paar Minuten im Topf ziehen lassen.
8. Zum Servieren etwas Mozzarella und eingelegte Tomatenscheiben auf jeden Teller geben und mit dem Hirsebrei bedecken.
9. Nach Geschmack mit klein gehackter Petersilie und mit Dill bestreuen.

ГАРБУЗОВА КАША

#46

HARBUZOVA KASHA
HIRSEBREI MIT KÜRBIS

1 STUNDE | 4 PERSONEN

ZUTATEN

- 500 g Kürbis
- 200 g Hirse
- 1 l Milch
- 1 Prise Salz
- 4 EL Zucker
- 1 Zimtstange
- 100 g Butter
- Ringelblumen (optional)

1. Den Backofen auf 180 °C vorheizen.
2. Den Kürbis schälen, die Kerne entfernen und das Fruchtfleisch in kleine Würfel schneiden. Die Hirse mehrfach gründlich abspülen, abtropfen lassen, in einen Topf geben und mit Milch bedecken. Den Zucker und 1 Prise Salz hinzugeben.
3. Die Kürbiswürfel, die Hälfte der Butter und die Zimtstange unter die Hirse mischen. Den Hirsebrei mit dem Kürbis etwa 30 Minuten im Backofen garen, bis die Hirse weich ist.
4. Warm servieren. Optional mit Ringelblumenblüten (Calendula) bestreuen, da sie den Brei mit ihrem einzigartigen Aroma bereichern.

#47

TETERYA HIRSE-RISOTTO

30 MINUTEN | 2–4 PERSONEN

ZUTATEN

- 200 g Hirse
- 100 g Butter
- 1 kleine Zwiebel
- 1 Stange Sellerie
- 1 Karotte
- 60 ml trockener Weißwein
- ½ Chilischote, in dünne Ringe geschnitten
- 2–3 Knoblauchzehen, klein gehackt
- 30 g Parmesan, gerieben
- 50 g Buchweizenflocken
- Pflanzenöl

1. Die Zwiebel, den Sellerie und die Karotte in kleine Würfel schneiden.
2. In einem Schmortopf das Gemüse 2–3 Minuten in der heißen Butter garen, bis die Zwiebeln glasig werden.
3. Die Hirse und den Weißwein dazugeben und den Wein 5 Minuten verdampfen lassen.
4. Chili, Knoblauch und 150–200 ml Wasser dazugeben und unter ständigem Rühren 5–7 Minuten garen. Danach wie beim Risotto erneut Wasser unterrühren. Alternativ Gemüse- oder Hühnerbrühe verwenden.
5. Zum Servieren streue ich für eine bessere Balance der Texturen Buchweizenflocken und geriebenen Parmesan über das Risotto.

#48

KUKURYDZYANA GRANOLA
GRANOLA AUS MAISMEHL

45 MINUTEN | 2–4 PERSONEN

ZUTATEN

- 150 g Maismehl (Polenta)
- 1 Prise Salz
- 60 g Zucker
- 120 g süße Sahne (33 % Fettanteil)
- 60 ml Wasser

Zum Servieren

- 400 ml Naturjoghurt
- 50 g Walnusskerne
- 1–2 EL flüssiger Honig
- Obst nach Geschmack

1. Den Backofen auf 180 °C vorheizen.
2. Das Maismehl ohne Zugabe von Fett in einer heißen Pfanne 2–3 Minuten rösten, bis es eine Nuance dunkler wird. 1 Prise Salz untermischen.
3. Den Zucker unterrühren und dabei darauf achten, dass er nicht verbrennt, sondern gleichmäßig karamellisiert.
4. Weiterrühren, bis das Maismehl mit dem Zucker zu Karamell verklumpt.
5. Die Sahne und das Wasser unterrühren und weiterrühren, bis eine homogene Masse entsteht.
6. Ein Backblech mit Backpapier auslegen und die Masse darauf gleichmäßig etwa 1½ cm hoch verteilen.
7. Das Maiskaramell 20–25 Minuten im vorgeheizten Backofen goldbraun backen und danach vollständig abkühlen lassen.
8. Die Granalomasse grob zerkrümeln. In einem luftdicht verschlossenen Weckglas lässt sich das selbstgemachte Granola bis zu einem Monat aufbewahren.
9. Zum Servieren Naturjoghurt mit Granola in einer Müslischüssel reichen.
10. Mit Beeren und Obst nach Geschmack und mit Honig und Walnüssen garnieren. Ein wunderbares, schnell zubereitetes Frühstück, das reichlich Vitamine und Mineralien für einen guten Start in den Tag liefert.

GEBÄCK

ÜBER BROT

Backt euer eigenes Brot. Wenn ihr nicht wisst, wie das geht, bringe ich es euch bei. Wenn ihr schon Erfahrung damit habt, könnt ihr in diesem Kapitel ein paar neue, richtig coole Rezepte entdecken. Zu lernen, wie man eigenes Brot backt, fühlt sich ein bisschen an, als würde man zum Zauberer avancieren, der mit einer einzigen Berührung seiner Fingerspitzen Wasser in Wein und Steine in Gold verwandeln kann. Wer Brot backen kann, spürt etwas von dieser göttlichen Zauberkraft.

Eure Verbindung zu Lebensmitteln wird ein neue Stufe erreichen – sie wird sinnlicher und authentischer werden. Du wirst Lebensmittel lieben und weißt, dass sie dich ebenfalls lieben. Brot wird nur köstlich gelingen, wenn man es wirklich liebt. Der Prozess des Brotbackens hat viel mit Ritualen zu tun und ist sehr meditativ. Man spürt den Moment, die Welt verschwindet im Hintergrund und zurück auf der Bühne bleibst du, dein Teig und deine Energie. Das klingt vielleicht etwas pompös, aber glaubt mir: Backen überspannt die Grenze von Magie und Philosophie.

Nimm die Zutaten, vermenge sie und beobachte wie der Teig zum Leben erwacht und anfängt zu atmen. Er geht auf und versucht aus der Schüssel zu fliehen, um dir näher zu sein. Du streichelst ihn, drückst ihn zurück, beruhigst ihn und bewunderst seine Perfektion. Und dann schiebst du ihn in den Backofen. In diesem Stadium reift der Teig und verwandelt sich in ein wunderschönes warmes, weiches Brot mit einer knusprigen Kruste. Mit jeder Scheibe, die du abschneidest, spürst du, dass sie einzig und allein geschaffen wurde, um dich glücklich zu machen. Die Brotscheibe in deinen Händen ist der Lohn für deine Mühe, entstanden durch deine spirituelle Energie.

Selbst gebackenes Brot ist so viel mehr als das richtige Verhältnis oder die Summe seiner Zutaten, denn es handelt von Liebe, Freundschaft und Authentizität und lässt sich keinesfalls mit gekauftem Brot vergleichen.

Backt euer Brot selbst, seid bereit und genießt es.

#49

HAMULA APFELPLÄTZCHEN

90 MINUTEN | 4 PERSONEN

ZUTATEN

Für den Teig

- 2 Äpfel
- 2 EL Zucker
- 50 g Butter
- 1 Ei
- 75 g Hafermehl
- 170 g Weizenmehl
- 1 Prise Salz

Für das Apfelmus

- 2–3 Äpfel
- 3 Eigelb
- 100 ml Milch
- 2 EL Zucker

1. Alle Äpfel gründlich waschen, halbieren und die Kerngehäuse entfernen. Den Backofen auf 200 °C vorheizen. Ein Backblech mit Alufolie auslegen und die Apfelhälften mit der Schnittseite nach unten darauf verteilen. Die Äpfel etwa 40 Minuten im Ofen backen, bis sie weich sind.
2. Die Schale von den gegarten Äpfeln entfernen. Das Apfelpüree wird für den Teig und das Mus verwendet werden.
3. Für die **Plätzchen** die beiden Mehlsorten mit 1 Prise Salz und dem Zucker vermischen. Die Butter dazugeben und die Zutaten mit den Fingerspitzen zu Streuseln verreiben.
4. Das Ei und 100 g Apfelmus hinzufügen und alles zu einem festen Teig verkneten. Den Teig in Frischhaltefolie gewickelt 20–30 Minuten im Kühlschrank ruhen lassen.
5. Den Teig anschließend zwischen zwei Lagen Backpapier 0,5 cm dick ausrollen, mit einem Ausstecher oder einem Glas Kreise ausstechen und diese auf einem mit Backpapier ausgelegten Backblech verteilen.
6. Die Plätzchen 7–10 Minuten im Ofen backen und anschließend abkühlen lassen.
7. Für das **Apfelmus** die Eigelbe, 225 g Apfelmus, Milch und Zucker in einer hitzebeständigen Schüssel vermischen. Die Zutaten etwa 10 Minuten lang unter ständigem Rühren sanft im Wasserbad erhitzen, bis sie etwas eindicken.
8. Die Plätzchen mit dem abgekühlten Apfelmus servieren.

#50

MANNYK GRIESSKUCHEN

50 MINUTEN | 6 PERSONEN

ZUTATEN

- 8 Eier
- 250 g Zucker
- 400 g Hartweizengrieß
- 10 g Backpulver
- 160 g Butter
- 200 ml + 2 EL Milch
- Puderzucker zum Bestauben

1. Den Backofen auf 180 °C vorheizen.
2. Die Eier trennen. Die Eigelbe mit der Hälfte des Zuckers schaumig aufschlagen.
3. Den Hartweizengrieß mit dem Backpulver vermischen und unter die Eigelbmasse rühren.
4. Die Milch erwärmen, die Butter darin zerlassen und anschließend beides unter die Grießmischung rühren, bis ein glatter Teig entsteht.
5. Das Eiweiß mit dem restlichen Zucker steif schlagen und behutsam unter den Teig heben.
6. Eine runde, 22–24 cm große Backform einfetten und den Teig hineingeben.
7. Den Kuchen 30–40 Minuten im Ofen backen, bis eine Backprobe gelingt.
8. Den fertigen Kuchen in der Form auf Raumtemperatur abkühlen lassen und mit Puderzucker bestaubt servieren.

ПЕЧИВО З МАКОВИМ СОУСОМ

#51 PECHYVO Z MAKOVIM SOUSOM
KEKSE MIT MOHNSAUCE

45 MINUTEN | 6 PERSONEN

ZUTATEN

- 200–250 g + 1 EL Weizenmehl
- ½ TL Backpulver
- 1 Prise Salz
- 1 Prise Kumin
- 1 EL Mohnsamen
- 100 g Zucker
- 75 g Butter
- 1 Ei
- 2 EL Sauerrahm

Für die Mohnsauce

- 100 g Mohnsamen
- 250 ml Milch
- 1 TL Zimt
- 2 EL flüssiger Honig

1. Den Backofen auf 185 °C vorheizen.
2. Für den Teig Mehl, Backpulver, 1 Prise Salz, Kumin, Mohn und Zucker miteinander vermischen.
3. Die Butter hinzugeben und alles mit den Fingerspitzen zu Streuseln verreiben.
4. Das Ei und den Sauerrahm hinzugeben und die Masse zu einem festen Teig verkneten.
5. Den Teig zwischen zwei Lagen Backpapier 3 mm dick ausrollen. Das obere Backpapier entfernen, den Teig mehrfach mit der Gabel einstechen und 15 Minuten im Ofen goldbraun backen.
6. **Für die Mohnsauce** in einem Topf Mohn, Milch, Zimt und Honig verrühren und 5–10 Minuten sanft köcheln.
7. Den gebackenen Teig in kleine Stücke brechen und in Schüsseln mit etwas Mohnsauce servieren.
8. Dazu heiße Milch reichen.

#52

BURYAKOVIY HLIB BROT MIT ROTER BETE

4 STUNDEN | 4–6 PERSONEN

ZUTATEN

- 150 g Rote Bete
- 100 g Frühstücksspeck
- 500 g Weizenmehl
- ½ TL Salz
- 10 g Trockenhefe
- 1 TL Zucker
- 300 ml Wasser
- Pflanzenöl zum Einfetten der Schüssel

1. Die Roten Beten gründlich waschen, in Alufolie wickeln und 60–90 Minuten (je nach Größe) im 185 °C heißen Backofen backen. Anschließend die Roten Bete abkühlen lassen, schälen und in kleine Würfel schneiden.
2. Den Frühstücksspeck würfeln und goldbraun braten.
3. Das Mehl in eine Schüssel sieben und das Salz untermischen. Die Hefe in dem warmen Wasser auflösen und den Zucker unterrühren. Die Hefe-Zucker-Mischung 15 Minuten an einem warmen Ort gehen lassen.
4. Die Hefe mit der Mehlmischung zu einem weichen, elastischen Teig kneten. Die gebratenen Speckwürfel und die Rote-Bete- Würfel unterkneten. Eine Backschüssel mit Öl auspinseln, den Teig zu einer Kugel formen und hineingeben. Die Schüssel an einen warmen Ort stellen und dem Teig 40 Minuten Zeit geben, um zu gehen, damit er sein Volumen verdoppelt oder verdreifacht.
5. Die Luft aus dem Teig schlagen und ihn zu einem runden Laib formen. Den Laib auf ein mit Backpapier ausgeschlagenes Backblech legen, mit Mehl bestauben und weitere 30 Minuten gehen lassen.
6. Das Brot im auf 220 °C vorgeheizten Backofen 5 Minuten backen, danach die Temperatur auf 180 °C senken und das Brot weitere 30 Minuten backen.

ПАМПУШКИ З ГРИБНИМ СОУСОМ

#53

PAMPUSHKY Z HTYBNIM SOUSOM HEFEBRÖTCHEN MIT PILZSAUCE

2 STUNDEN | 4–6 PERSONEN

ZUTATEN

Für die Pampushky

- 25 g Trockenhefe
- 1 EL Zucker
- 500 g Weizenmehl
- 125 ml Milch
- 1 TL Salz
- 1 Ei + 1 Eigelb
- 3 EL Pflanzenöl
- 125 ml Wasser

Für die Sauce

- 2–3 EL Pflanzenöl
- 1 Zwiebel
- 400 g Champignons, in Scheiben geschnitten
- 2 EL Crème fraîche
- Salz, Pfeffer

1. Für den Teig die Hefe in warmem Wasser auflösen und den Zucker unterrühren. Die Hefe 15 Minuten an einem warmen Ort gehen lassen. Das Mehl in eine Schüssel sieben und mit der Milch, dem Salz, dem Ei, dem Öl, der Hefemischung und dem Wasser vermischen und zu einem weichen Teig verkneten. Eine Backschüssel mit Öl auspinseln, den Teig zu einer Kugel formen und hineingeben. Die Schüssel an einen warmen Ort stellen und dem Teig 40 Minuten Zeit gehen lassen.

2. Die Luft aus dem Teig schlagen und kleine Brötchen aus dem Teig formen. Ein Backblech mit Öl bepinseln und die Brötchen – mit Abstand zueinander – daraufsetzen.

3. Die Brötchen erneut 20 Minuten gehen lassen und danach mit dem verquirlten Eigelb bepinseln. Die Brötchen im auf 180 °C vorgeheizten Backofen 20–25 Minuten backen, bis sie eine glänzende goldbraune Kruste bekommen.

4. Parallel die Pilzsauce zubereiten und dafür die Zwiebel fein würfeln und in etwas Öl in einer Pfanne 3–5 Minuten anbraten. Danach die Champignonscheiben dazugeben und so lange garen, bis sämtliche Flüssigkeit verdampft ist. Die Crème fraîche einrühren, die Sauce 3 Minuten köcheln und mit Salz und Pfeffer abschmecken. Die Brötchen mit der Sauce servieren.

#54

LEMISHKA KNUSPRIGES FLADENBROT

45 MINUTEN | 4–6 PERSONEN

ZUTATEN

- 120 g Roggenmehl
- 30 ml (3 EL) kochend heißes Wasser
- 2 Knoblauchzehen
- 1 TL Flachssamen
- 1 Prise Salz

1. Den Backofen auf 160 °C vorheizen.
2. Das Mehl mit dem heißen Wasser gründlich verrühren.
3. Den Flachssamen, das Salz und den zerdrückten Knoblauch hinzufügen und alles gut vermischen. Mit einer Silikon-Palette den Teig 2–3 mm dick auf eine Lage Backpapier streichen.
4. Das Fladenbrot 25–30 Minuten im Ofen backen.
5. Das Lemishka zunächst vollständig abkühlen lassen und dann in Stücke brechen und als Ersatz für Brot zu verschiedenen Gerichten servieren.

#55

KUCHERYAVTSI STREUSELKUCHEN

50 MINUTEN | 4–6 PERSONEN

ZUTATEN

- 400 g Weizenmehl
- 100 g Zucker
- 200 g weiche Butter
- 1 TL Vanillezucker
- 4 hart gekochte Eigelb
- 100 g Walnüsse
- 1 Prise Salz
- 70 ml (5 EL) Wasser
- 2 Eiweiß
- Puderzucker zum Bestauben (optional)

1. Den Backofen auf 200 °C vorheizen.
2. Für den Teig Mehl, Zucker, Butter und Vanillezucker vermischen. Die hart gekochten Eigelbe durch ein Sieb drücken und mit den fein gehackten Walnüssen, 1 Prise Salz und Wasser hinzufügen.
3. Zwei Drittel des Teigs auf einer Lage Backpapier zu einem 3–4 mm dicken Rechteck ausrollen.
4. Das Eiweiß steif schlagen und auf die Teigplatte streichen.
5. Den restlichen Teig mit der groben Seite einer Vierkantreibe raspeln und die entstandenen Streusel auf dem Eischnee verteilen.
6. Den Teig in 5 × 5 cm große Quadrate schneiden. Diese Quadrate 20–25 Minuten im Ofen goldbraun backen.
7. Nach Belieben den fertigen Kuchen mit Puderzucker bestauben.

#56 YABLUCHNA VERTUTA APFELSCHNECKEN

1 STUNDE | 4 PERSONEN

ZUTATEN

Für den Teig
- 300 g Weizenmehl
- 1 Ei + 1 Eigelb zum Bestreichen
- 1 Prise Salz
- 100 ml warmes Wasser
- 100 ml Pflanzenöl
- ½ TL Zucker

Für die Füllung
- 2 Äpfel
- 50–75 g Rosinen
- 1 Zitrone
- 1 EL Zimt
- 2 EL Zucker

Für die Glasur
- 200 g Puderzucker
- 200 g Frischkäse
- Saft von ½ Zitrone
- 2 EL Milch

1. Das Mehl in eine Schüssel sieben. Eine Mulde ins Mehl drücken und das Ei, Salz, warmes Wasser, Öl und Zucker hineingeben. Den Teig kneten, bis er weich und elastisch wird.
2. Den Teig mit einem Geschirrtuch abgedeckt 40 Minuten ruhen lassen.
3. In der Zwischenzeit die Füllung zubereiten. Dafür die Äpfel schälen, halbieren, die Kerngehäuse entfernen und die Äpfel auf der groben Seite einer Vierkantreibe raspeln. Rosinen, Zitronensaft, Zimt und Zucker untermischen.
4. Den Teig auf einer mit Mehl bestaubten Arbeitsfläche sehr dünn zu einem Rechteck ausrollen. Die Füllung darauf verteilen. Den Teig der Länge nach zusammenrollen und in Scheiben schneiden.
5. Die Schnecken auf einem mit Backpapier ausgelegten Backblech verteilen, mit dem verquirlten Eigelb bestreichen und im auf 180 °C vorgeheizten Backofen 20 Minuten backen, bis sie eine leuchtend goldgelbe Kruste bekommen.
6. Für die Glasur den Frischkäse mit dem Puderzucker, dem Zitronensaft und der Milch aufschlagen und damit die fertig gebackenen Schnecken bestreichen.

#57

KIFLYKI APRIKOSEN-MOHN-KIPFERL

1 STUNDE 40 MINUTEN | 6–8 PERSONEN

ZUTATEN

Für den Teig

- 320 g Weizenmehl
- 260 g Maismehl
- 200 g + 2 EL Butter
- 3 EL Zucker
- 1 Prise Salz
- 1 Ei
- 10 g Trockenhefe
- 350 g Sauerrahm
- 1 Eigelb
- brauner Zucker (optional)

Für die Füllung

- 200 ml Aprikosenmarmelade
- 3 EL Mohnsamen
- Puderzucker zum Servieren

1. Die beiden Mehlsorten vermischen. Die kalte Butter auf der groben Seite einer Vierkantreibe darüberraspeln (oder die Butter vorher in kleine Stücke schneiden, dazugeben und alles mit den Fingerspitzen zu buttrigen Streuseln verkneten). Zucker, Salz und das Ei unterkneten.

2. Die Hefe im Sauerrahm auflösen und beides zum Teig dazugeben. Den Teig so lange kneten, bis er elastisch wird. Für die richtige Konsistenz eventuell noch etwas Mehl oder saure Sahne dazugeben.

3. Den Teig in Frischhaltefolie wickeln und 1 Stunde im Kühlschrank ruhen lassen.

4. Den Teig aus dem Kühlschrank nehmen und in zwei Hälften teilen. Jede Hälfte in ein etwa 20 × 20 cm großes Quadrat ausrollen und dieses in 6–8 Dreiecke teilen. Für die Füllung die Aprikosenmarmelade mit den Mohnsamen vermischen und davon jeweils 1 TL auf die Mitte der breiten Seite geben. Die Dreiecke mit der breiten Seite beginnend zu Kipferln rollen. Die fertigen Kipferl auf einem mit Backpapier belegtem Backblech verteilen und dabei jeweils einen Abstand von mindestens 2 cm lassen.

5. Nach Belieben die Kipferl mit dem verquirlten Eigelbs bepinseln und mit braunem Zucker bestreuen. Die Kipferl im auf 200 °C vorgeheizten Backofen für 15–20 Minuten Minuten backen.

6. Die *Kiflyky* nach dem Backen großzügig mit Puderzucker bestauben.

DESSERTS

DER GESCHMACK DER KINDHEIT

Liebe braucht keinen Grund. Sie ist, was sie ist. Eine Kombination verschiedener Faktoren löst eine chemische Reaktion im Körper aus, die zu einer Hingabe ohne objektive Erklärung führt. Das Gleiche gilt auch für Speisen, vor allem, wenn bereits in der Kindheit eine Liebe dazu entstanden ist.

Das erklärt meine Beziehung zu Kirschknödeln. Niemand konnte sie besser zubereiten als meine Großmutter. Selbst bei einer Knödel-Weltmeisterschaft, bei der erfahrene Gegner gegen meine Großmutter antreten, würde ich öffentlich dazu stehen, dass die Knödel, die ich als Kind aß, einfach die besten waren. Ich war mir sicher, dass meine Omi einen speziellen Trick kannte oder irgendeine geheime Zutat benutzte. Als ich alt genug war, um das Geheimnis zu lüften, ging ich in die Küche, schloss die Tür hinter mir und bat meine Großmutter, mir das geliebte Rezept zu verraten. Um sicherzugehen, dass wir nicht belauscht würden, ermunterte ich sie sogar, das Rezept aufzuschreiben. Und dann bereitete ich die Knödel selbst zu und obwohl ich das Rezept akribisch genau befolgte, wurden sie nie genau so köstlich wie das Original. Denn es hat eben nicht nur mit dem Rezept zu tun, das man vor Augen hat.

Die Erinnerungen, die Atmosphäre, Assoziationen, Geräusche, visuelle Eindrücke, Emotionen, die Leute um dich herum oder im Gegenteil deine Einsamkeit – all das beeinflusst den Geschmackssinn. Fehlt auch nur ein Element, bleibt die Liebe aus.

All diese Dinge spielen sich im Unterbewusstsein ab und lassen sich nicht erklären. Wenn man den Grund für die Liebe genau bestimmen kann, hat es nichts mehr mit Liebe zu tun.

ЛЬВІВСЬКИЙ СИРНИК

#58

LVIVSKIY SYRNYK KÄSEKUCHEN AUS LVIV

75 MINUTEN | 6 PERSONEN

ZUTATEN

- 1 Prise Salz
- 150 g Zucker
- 10 g Vanillezucker
- 50 g Butter
- Schalenabrieb von 1 Zitrone
- Schalenabrieb von 1 Orange
- 3 Eier
- 2 gekochte Kartoffeln, fein gerieben
- 500 g Schichtkäse
- 50 g Rosinen
- 1 EL Mehl
- 50 g Walnusskerne, klein gehackt

Für die Schokoladenglasur

- 100 g dunkle Schokolade (mindestens 80 % Kakao-anteil), klein gehackt
- 30 g Butter
- 80 ml süße Sahne (33 % Fettanteil)

1. Den Backofen auf 180 °C vorheizen.
2. Für den Teig mit einer Gabel Salz, Zucker und Vanillezucker unter die Butter mischen. Den Schalenabrieb von Zitrone und Orange ebenfalls untermischen.
3. Die Eier trennen.
4. Mit einem Mixer (Rührbesenaufsatz) die Eigelbe nacheinander unter die Butter mischen.
5. Die fein geriebenen Kartoffeln untermischen.
6. Den Schichtkäse durch ein Sieb streichen und mit den Rosinen hinzufügen. Den Teig gründlich kneten.
7. Das Eiweiß steif schlagen und behutsam unterheben.
8. Eine Teekuchenbackform mit Butter einfetten und mit Mehl bestauben. Den Teig hineingeben und glatt streichen.
9. Den Käsekuchen mit den klein gehackten Walnüssen bestreuen und 1 Stunde im Ofen backen.
10. Für die Schokoladenglasur die Schokolade mit der Butter im Wasserbad schmelzen und unter ständigem Rühren die Sahne untermischen, bis eine glatte, sämige Sauce entsteht.
11. Die Schokoladenglasur über den abgekühlten Käsekuchen gießen.

#59

SIRNY KLYUSKI KLEINE KNÖDEL MIT SCHICHTKÄSE

20 MINUTEN | 6 PERSONEN

ZUTATEN

- 720 g Schichtkäse (5 % Fettanteil)
- 1 TL Salz
- 3 EL Zucker
- 6 Eier
- 200 g Buchweizenmehl
- 50 g Butter
- 3 EL flüssiger Honig

1. Für den Klusky-Teig den Schichtkäse durch ein Sieb streichen und mit Salz und Zucker vermengen. Die Eier nacheinander unterheben. Das Buchweizenmehl dazugeben und alles zu einem Teig verkneten. Die genaue Menge des Mehls kann variieren und hängt davon ab, wie feucht der Käse ist.
2. Den Teig zu einer langen, etwa 1,5 cm dicken Wurst rollen und diese in 3 cm lange Stücke schneiden.
3. Die Klusky noch etwa 2 Minuten in kochendem Salzwasser ziehen lassen, nachdem sie an die Oberfläche gestiegen sind.
4. Beim Servieren zerlassene Butter und Honig dazu reichen.

МЛИНЦІ З ГОРІХАМИ ТА ЗГУЩЕНИМ МОЛОКОМ

#60 MLYNTSI Z HORIHAMY TA ZGHUSHENYM MOLOKOM CRÊPES MIT WALNÜSSEN UND KONDENSMILCH

60 MINUTEN | 6 PERSONEN

ZUTATEN

- 6 Eier
- 2 EL Zucker
- 1 TL Salz
- 520 g Weizenmehl
- 900 ml Vollmilch
- 2 EL Pflanzenöl

Zum Servieren

- 1 Dose karamellisierte Kondensmilch (in gut sortierten Lebensmittelabteilungen erhältlich)
- 100 g klein gehackte Walnusskerne

1. In einer Schüssel Eier, Zucker, Salz und Mehl gründlich vermischen. Die Milch untermischen, bis ein glatter Pfannkuchenteig entsteht. Zum Schluss das Öl unterrühren und den Teig 20 Minuten ruhen lassen.
2. Den Teig zu dünnen Crêpes ausbacken.
3. Die fertigen Crêpes mit der süßen, karamellisierten Kondensmilch bestreichen und mit den Walnüssen bestreuen. Die Crêpes nach eigenem Gusto zusammenrollen und sofort servieren.

ВАРЕНИКИ З ВИШНЯМИ

#61

VARENYKY Z VYSHNYAMI MIT SAUERKIRSCHEN GEFÜLLTE WARENIKI

45 MINUTEN | 4 PERSONEN

ZUTATEN

Für den Teig
- 450 g Weizenmehl
- 1 Ei
- ½ TL Salz
- ½ TL Zucker
- 250 ml Kefir oder dünnflüssigen Naturjoghurt
- ½ TL Backpulver
- 100 g Sauerrahm

Für die Füllung
- 400 g Sauerkirschen
- 1 EL Grieß
- 2 –3 EL Zucker
- 50 g Butter, zerlassen

1. Für den Teig das Mehl mit den Eiern, Salz, Zucker, Kefir (oder Naturjoghurt) und Backpulver vermischen. Der Teig sollte weich und elastisch, aber nicht klebrig sein. Den Teig zu einer Kugel formen, in eine mit Öl ausgepinselte Schüssel legen und mit einem Geschirrtuch bedeckt 15–20 Minuten ruhen lassen.

2. **Parallel die Füllung vorbereiten** und dafür die Kirschen entkernen (außerhalb der Saison TK-Sauerkirschen auftauen). Die Kirschen mit dem Zucker und dem Grieß vermischen.

3. Jeweils eine kleine Teigportion ausrollen, 1 EL Kirschen in die Mitte geben und den Teig darum zusammenschlagen. Wer statt Knödel halbmondförmige Teigtaschen formt, kann die Ränder dekorativ mit den Zinken einer Gabel eindrücken.

4. Die Wareniki im kochenden Salzwasser ziehen lassen, bis sie an die Oberfläche steigen. Die fertigen Knödel mit Zucker bestreuen, damit sie nicht aneinander kleben, und mit zerlassener Butter beträufeln.

5. Die Wareniki mit Sauerrahm oder Kirschsauce (*kysil*) servieren.

АБРИКОСОВИЙ СУП (ХОЛОДНИЙ)

#62

ABRYKOSOVIY SUP
APRIKOSEN-KALTSCHALE

20 MINUTEN | 2 PERSONEN

ZUTATEN

- 250 g Aprikosen
- 100 ml Wasser
- 70 g Zucker

Für die Milchsauce

- 400 ml Vollmilch
- 3 Eigelb
- 1 EL Zucker

optional

- frische Minze, frische Chilischote, zerstoßene Nüsse, Zimt, Vanillezucker

1. Die Aprikosen entsteinen. In einem Topf den Zucker im Wasser auflösen, die Aprikosen dazugeben und bei mittlerer Temperatur zu Kompott einkochen. Zum Schluss das Kompott glatt pürieren.
2. Milch, Eigelbe und Zucker mit dem Schneebesen oder dem Mixer aufschlagen.
3. Die Milchmischung langsam in das Aprikosenpüree einrühren und bei niedriger Temperatur 10 Minuten sanft köcheln lassen. Dabei beständig rühren, bis die Masse etwas eindickt.
4. Optional Zimt, Vanillezucker, frische Minzeblätter, dünne Chiliringe oder klein gehackte Nüsse untermischen.
5. Die Suppe 2–3 Stunden im Kühlschrank ruhen lassen und kalt servieren.

#63

LEKVAR TRANSKARPATISCHE PFLAUMENMARMELADE

3 STUNDEN | 4–6 PERSONEN

ZUTATEN

- 500 g frische Pflaumen
- 250 g Zucker
- 50 g getrocknete Pflaumen

1. Die frischen Pflaumen waschen und mit Küchenpapier trockentupfen. Die Pflaumen entkernen und in einen Kochtopf geben.
2. Den Zucker darüberstreuen und die Pflaumen 1–2 Stunden den Saft ziehen lassen.
3. Die Pflaumen bei hoher Temperatur 5 Minuten garen, danach die Hitze reduzieren und sie weitere 45–50 Minuten einkochen, bis sie anfangen zu karamellisieren.
4. Die getrockneten Pflaumen und etwas Wasser dazugeben und alles glatt pürieren. Danach die Masse erneut aufkochen und 5–10 Minuten einkochen.
5. Die fertige Marmelade in sterilisierte Weckgläser füllen und luftdicht verschließen. Die Gläser kühl lagern.

#64 HOMBOVTSI ZWETSCHGENKNÖDEL

45 MINUTEN | 2 PERSONEN

ZUTATEN

- 300 g Hüttenkäse oder Schichtkäse
- 1 Ei
- 200 g Weizenmehl
- 1 Prise Salz
- 50 g Zucker
- 1 EL weiche Butter

Für die Füllung

- 6–8 Pflaumen
- 100 g Zucker
- 100 ml Wasser

Zum Servieren

- 100 g Maismehl
- 50 g Zucker

1. Für den Teig den Schichtkäse durch ein Sieb streichen und mit dem Ei, dem Mehl, dem Salz und dem Zucker zu einem Teig verkneten. Eventuell etwas mehr Mehl hinzugeben, sollte der Käse sehr feucht sein. Der Teig sollte am Ende so fest sein, dass man ihn zu Bällchen rollen kann.

2. Für die Füllung die Pflaumen entsteinen, fein würfeln und mit dem Zucker und dem Wasser in einen Topf geben. Die Pflaumen 7–8 Minuten weich kochen und anschließend abtropfen lassen. Den Saft für ein anderes Dessert verwenden.

3. Etwas Teig in der Hand flach drücken, ein wenig Füllung in die Mitte geben und mit den Händen zu einer Kugel formen.

4. Die Knödel in kochendem Salzwasser ziehen lassen, bis sie an die Oberfläche steigen. Mit einem Schaumlöffel herausheben, in eine Schüssel geben und die Butter hinzufügen, damit sie nicht aneinanderkleben.

5. Zum Servieren das Maismehl in einer Pfanne trocken rösten. Den Zucker so lange untermischen, bis er schmilzt und karamellisiert. So lange weiterrühren, bis das Maismehl zusammenklumpt. Diese Crumbles zerkrümeln und diese auf einer Lage Backpapier abkühlen lassen.

6. Die Hombovtsi mit den karamellisierten Maismehl-Crumbles bestreuen und servieren.

GETRÄNKE

ÜBER ROTE-BETE-KWAS

Stell dir eine Welt vor, in der die Ukraine sich ohne Hindernisse entwickelt hätte. Stell dir eine Welt vor, in der niemand versucht hätte, die nationale Identität der Ukraine auszulöschen. Stell dir vor, wie die Ukrainer ihre Traditionen bewahrt und sie um neues Wissen bereichert hätte. In dieser Welt hätte jede Familie ihr eigenes Rezept für Rote-Bete-Kwas gehabt: Ein weiteres einzigartiges ukrainisches Erzeugnis, eine weitere Seite unserer Geschichte, die beinahe ausradiert worden wäre. Aber es ist den Ukrainern gelungen, es zu bewahren. Rote-Bete-Kwas ist ein fermentiertes Getränk mit einem fein-säuerlichen, irgendwie erdigen Geschmack. Es haucht allen Dingen neues Leben ein.

Anstelle von Blut sollte Rote-Bete-Kwas durch die Adern der Ukrainer fließen. Ich habe mir anhand meiner Recherchen meine ganz eigene Theorie über die Ursprünge dieses Getränks erarbeiten können. Ich denke, alles begann mit den Menschen, die von »jenseits des Meeres« gekommen waren, den Rurikiden, die auf den ukrainischen Gebieten das gleichnamige Fürstengeschlecht gründeten. Es ist sehr wahrscheinlich, dass die Rote Bete damals bei den Skandinaviern ebenso bekannt war wie bei den Ukrainern. Die Rurikiden stießen somit auf ein ihnen vertrautes Produkt, das sie ganz groß rausbringen wollten. Nur gab es dabei ein Problem: das Klima. Sie waren an kühlere Gegenden gewöhnt, wo sich Rote Bete über viele, viele Monate frisch hielt. Das war bei unseren heißen Sommern keine Option, und deshalb fingen die Ukrainer an, Rote Bete milchsauer einzulegen. Also machen wir wohl schon seit grob dem späten 9. Jahrhundert n. Chr. Rote-Bete-Kwas. Man stelle sich einmal den Schaden für unser nationales Andenken vor, wenn unsere Generation im Großen und Ganzen nie etwas von Rote-Bete-Kwas gehört hätte.

Ich möchte das Andenken an Rote-Bete-Kwas in unserem kulturellen Code freilegen. Mache ihn selbst, trinke ihn, ergänze andere Gerichte damit und spüre bei alldem, wie Jahrhunderte ukrainischer Geschichte durch deine Adern fließen.

#65

VARYANKA FRÜCHTE-WODKA

5 STUNDEN | 6–8 PERSONEN

ZUTATEN

- 200 g gedörrte oder geräucherte Birnen, Pflaumen, Aprikosen und Äpfel
- 1 l Wodka
- 500 g Weizenmehl
- 300 ml warmes Wasser
- Salz
- 1 rundes Brot oder Brötchen

1. Die Trockenfrüchte unter fließendem Wasser waschen und in einen hitzebeständigen Keramikkrug legen. Die Mischung mit Wodka übergießen und die Früchte 30 Minuten einweichen lassen.
2. Aus dem Mehl, dem warmen Wasser und 1 Prise Salz einen Teig machen und diesen in zwei Hälften teilen.
3. Den Keramikkrug mit einer der beiden Teighälften verschließen. Mit Brotkruste oder einigen Brotscheiben zudecken und das Ganze mit der zweiten Teighälfte nochmals versiegeln, damit der Krug dicht verschlossen ist.
4. Bei 100 °C im Backofen 4 Stunden sieden lassen.
5. Das Warenukha abkühlen lassen und dann im Kühlschrank kalt werden lassen.
6. Mit den eingeweichten Trockenfrüchten servieren.

#66

SPOTYKACH WODKA MIT GEWÜRZEN

30 MINUTEN (PLUS 10 TAGE ZUM DURCHZIEHEN) | 6–8 PERSONEN

ZUTATEN

- 500 ml Wodka
- 6 Gewürznelken
- 1 Prise frisch geriebene Muskatnuss
- 1 EL Vanillezucker
- 100 g Zucker
- 100 ml Wasser
- 1 Zitrone

1. Gewürznelken, Muskatnuss und Vanillezucker in die Flasche mit dem Wodka geben. Gut umrühren und 7–10 Tage an einem lichtgeschützten Ort ziehen lassen. Währenddessen die Mischung täglich einmal gut schütteln, damit sie aromatischer wird.
2. Aus dem Zucker und dem Wasser einen Sirup zubereiten. Den noch warmen Sirup mit der Wodka-Mischung gut verrühren, den Saft einer halben Zitrone darüber auspressen und erneut gut umrühren.
3. Gekühlt servieren.

#67

UZVAR GETRÄNK AUS TROCKENFRÜCHTEN

40 MINUTEN | 6–8 PERSONEN

ZUTATEN

- 350 g gedörrte oder geräucherte Birnen, Pflaumen, Aprikosen und Äpfel
- 3 l Wasser
- 7–8 EL Honig
- 3 Gewürznelken
- 1 EL Mohnsamen

1. Die getrockneten Früchte mithilfe eines Schaumlöffels unter fließendem Wasser gut waschen. In einem Topf mit Wasser bedecken und auf niedriger Stufe 30 Minuten bei geschlossenem Deckel leise köcheln lassen, damit die Aromen intensiver werden.
2. Den Herd ausschalten, die Gewürznelken und die Mohnsamen dazugeben, gut verrühren und abkühlen lassen.
3. Das noch warme Uzwar nach Belieben mit Honig süßen.
4. Gut abkühlen lassen und servieren.

БУРЯКОВИЙ КВАС

#68

BURYAKOVIY KVAS
ROTE-BETE-KWAS

15 MINUTEN (PLUS 4 TAGE GÄRZEIT)

6 PERSONEN

ZUTATEN

· 1 kg Rote Bete
· 400 g Zucker
· Wasser

1. Die Roten Beten gut waschen, schälen und in feine Würfel schneiden. Die Würfel in ein Einmachglas mit 3 l Fassungsvermögen geben, das durch die Bete zu etwa zwei Drittel gefüllt sein sollte.
2. Zucker zugeben und so viel zuvor abgekochtes und abgekühltes Wasser, dass die Betenwürfel 3–5 cm hoch mit Wasser bedeckt sind.
3. Das Gefäß muss ausreichend Platz bieten, damit das Kwas gären kann. Wenn sich an der Oberfläche Luftblasen zeigen, ist das ein Zeichen dafür, dass der Gärprozess gestartet ist.
4. Das Glas mit einem vierfach gefalteten Seihtuch abdecken und an einem warmen Ort 3–4 Tage stehen lassen.
5. Anschließend das fertige Kwas im Kühlschrank aufbewahren.

#69

MEDOVIY KVAS
HONIG-KWAS

10 MINUTEN (PLUS 5 TAGE GÄRZEIT) | 4 PERSONEN

ZUTATEN

- 300 g Honig
- 1 l Wasser

1. Den Honig in warmem, abgekochtem Wasser auflösen. In ein Einmachglas gießen und mit einem vierfach gefalteten Seihtuch abdecken. An einem warmen, lichtgeschützten Ort 5–6 Tage gären lassen.
2. Nach dieser Zeit sollte der Gärvorgang abgeschlossen sein. Das Glas kann nun mit einem Deckel dicht verschlossen im Kühlschrank aufbewahrt werden.
3. Dieses alkoholfreie Getränk wird gut gekühlt serviert und schmeckt auch mit Sprudelwasser aufgegossen sehr gut.

ЯГІДНИЙ КИСІЛЬ

#70

YAHIDNIY KYSIL' BEEREN-KISSEL – GEBUNDENE FRUCHTSPEISE

20 MINUTEN | 6–8 PERSONEN

ZUTATEN

- 400 g gemischte Früchte (schwarze und rote Johannisbeeren, Kirschen, Erdbeeren)
- 10 EL Zucker
- 2 ½ l Wasser
- 5 EL Stärke

1. In einem Topf Wasser zum Kochen bringen, den Zucker dazugeben und vollständig auflösen lassen. Eine Mischung aus den bevorzugten Beeren und Früchten zugeben. 5–10 Minuten köcheln lassen, um das Wasser zu aromatisieren.
2. Die Stärke in einem Glas mit kaltem Wasser anrühren und nach und nach zur Fruchtmischung geben, dabei ständig rühren, damit sich keine Klumpen bilden.
3. Mehrere Minuten köcheln lassen, bis das Kissel eindickt.
4. Gut gekühlt servieren.

WIE ES DAZU KAM, DASS DIE SOWJETISCHE KÜCHE DIE UKRAINISCHE KÜCHE VERDRÄNGTE UND DEREN PLATZ EINNAHM.

Während meines Studiums des internationalen Finanzwesens, war ich viel im Ausland unterwegs und schaute mir an, wie verschiedene Länder miteinander interagieren und sich gegenseitig beeinflussen.

Nach meinem Entschluss, auf das Kochen umzusatteln, arbeitete ich immer wieder mit verschiedenen Landesküchen und hatte dabei immer schon eine grundlegende Karte globaler Beziehungen im Kopf. Immer, wenn ich auf ein neues Produkt oder ein neues Gericht stieß, ordnete ich automatisch dessen Beziehungen zu den verschiedenen Ländern ein: Wie die chinesische Küche nach Italien und Großbritannien gelangte und sich dabei veränderte; wie und wo die ersten Gabeln auftauchten und so weiter. Ähnlich wie eine Sprache ist auch die Küche immer im Fluss, wenn sie von einer Region zur anderen wandert. Wir lassen uns bereichern von neuen Dingen, neuen Zubereitungsarten, die aus anderen Traditionen übernommen werden, genau wie die Sprache durch Wörter anderer Sprachen bereichert wird.

Als Kind war ich misstrauisch gegenüber all den Gerichten, die gängigerweise jeder kochte. Das traditionelle Neujahrsessen fand ich besonders unappetitlich. Als kleiner Junge drückte ich meine Meinung zu dieser Festtagsküche nur aus mit »igitt, bäh«. Als ich älter wurde, habe ich versucht, einen Sinn in meinen Gefühlen zu erkennen, und als ich später in Paris eine Kochschule besuchte, fand ich schließlich heraus, warum ich der sowjetisch geprägten Küche so misstrauisch gegenüber war. Die Franzosen kochten ähnliche Gerichte, allerdings mit einem ganz anderen Hintergrund und ganz anderen Ansätzen. Nehmen wir beispielsweise Aspik, das wir als Gelee mit Fleisch essen. Auch die Franzosen machen Aspik, aber nicht als eigenes Gericht, sondern als Gelee zum Eindicken verschiedener Dinge. Als ich den französischen Köchen erzählte, dass wir Fleischgelee als eigenes Gericht essen, hielten sie mich für verrückt. Wie viele Witze ich mir dafür anhören musste. Ebenso stellte ich später fest, dass Vinaigrette, ein in allen Ländern der früheren UdSSR beliebter Salat, eigentlich eine der fünf französischen Grundsaucen ist und der Name sich aus dem französischen Wort für Essig ableitet. Ich habe nicht die leiseste Ahnung, warum wir das Wort verwenden, um damit einen Salat aus Roter Bete, Kartoffeln, Karotten, eingelegtem Gemüse und Sauerkraut zu bezeichnen. Mayonnaise? Ja, auch das ist eine französische Grundsauce. Während die Franzosen auf recht elegante Weise damit umgehen, wurde in der der Sowjetunion auf jeden Salat Mayonnaise gekleckst. Mische gekochte Kartoffeln und Karotten mit Würstchen und/ oder in Salz eingelegtem Fisch, Mayo drauf, und schon hast du einen typisch sowjetischen Salat: Mengen von Mayonnaise über gekochtem Gemüse. Ganz zu schweigen von dem geschmacklichen Unterschied zwischen der französischen Mayonnaise und dem was, in der UdSSR unter diesem Namen bekannt war. Der berühmte sowjetische Schichtsalat »Mimosa« (gekochte Kartoffeln, Karotten, Eier, frische Zwiebeln, Dosenfisch und die unvermeidbare Mayonnaise) ist eine abgewandelte Version des gleichnamigen französischen Gerichts. Nur erinnerte der französische Mimosa-Salat eher an gefüllte Eier. Im Topf geschmorte Gerichte haben auch die Franzosen, allerdings auch mit Zutaten wie Knollensellerie. In der Sowjetunion sah das anders aus, nicht ein außergewöhnlicher Geschmack dabei: nur Öl, Karotten und Zwiebeln.

Kurzum, die Sowjets übernahmen die französische Küche, allerdings ohne deren Geschmack und Geschichte, und bauten den sowjetischen Speiseplan auf diesen verfälschten Grundlagen auf. Essen für die Arbeiterklasse: Die Menschen sollen sich vollstopfen und nicht zu sehr darüber nachdenken. Klingt das plausibel? Absolut. Das russische Reich und Frankreich waren befreundete Staaten. Auf dem Gebiet, das später zur Sowjetunion wurde, lebten und arbeiteten französische Küchenchefs. Das neue Regime übernahm deren kulinarisches Know-how, vereinfachte und verbilligte es, um es für die arme, kontrollierbare Bevölkerung zugänglich zu machen, und gab es an das Volk weiter. Diese abgewandelten Gerichte wurden anfangs in den Kantinen der Fabriken zubereitet. So lernten die Arbeiter sie kennen und übernahmen sie dann auch bei sich zu Hause. Essen für die Massen, weder nahrhaft noch lecker, ist das, was wir aus der sowjetischen Zeit geerbt haben. Aus irgendeinem Grund haben wir es mit liebevoller Sorgfalt immer wieder reproduziert.

Unter diesen Umständen konnte die ukrainische Küche keine Chance haben. Propaganda, Lebensmittelknappheit und Verbote machten kurzen Prozess damit. Außerdem Autoritarismus, Diktatur und Angst. Sprache, Literatur, Traditionen und Religion wurden unterdrückt und dasselbe passierte mit unserer Küche. Unsere Bücher wurden zerstört, unser materielles Erbe verschleppt. Die Logik der Unterdrücker war simpel: Willst du ein Land erobern und neu gestalten, dann nimm ihm sein Essen. Es grenzt fast an ein Wunder, dass es den Ukrainern gelungen ist, verschiedene Kochbücher und das genetische Wissen der Identität über Jahrhunderte der Unterdrückung zu bewahren. Dies ist ein Beleg dafür, dass Ukrainer ein starkes Rückgrat haben. Wäre es anders, hätte ich all die vergessenen Rezepte nicht gefunden, hätte sie nicht wieder aufleben lassen und diese Entdeckungen den Ukrainern und der ganzen Welt zeigen können.

Wir haben *Enejida* von Iwan Kotljarewskyj, ein episches Gedicht mit langen Listen ukrainischer Gerichte. Die in Nachnamen und Ortsnamen unserer Vorfahren verborgenen Bezeichnungen nationaler Gerichte haben uns geholfen, eine ungebrochene Verbindung zu unserer Vergangenheit aufrechtzuerhalten. Unseren Ohren sind Worte wie *putria*, *shpundra* und *vereshchaka* bis heute vertraut. Das Sowjetregime setzte alles daran, uns unserer Traditionen zu berauben, aber wir haben bewiesen, dass in den Herzen einer Nation eingebrannte authentische und unversehrte Symbole niemals zerstört werden können.

REGISTER

Ebenfalls erhältlich ...

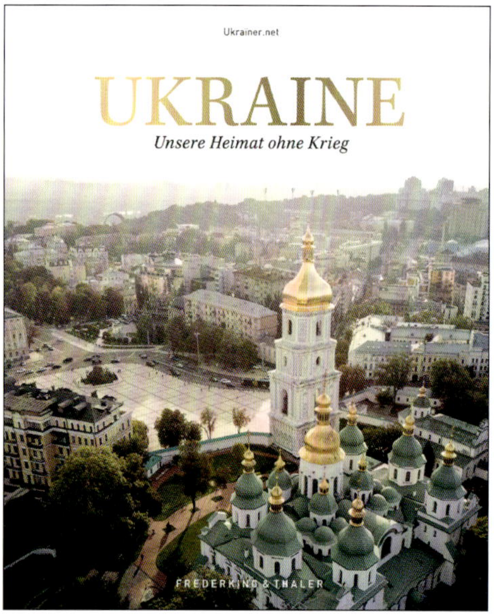

ISBN 978-3-95416-392-2

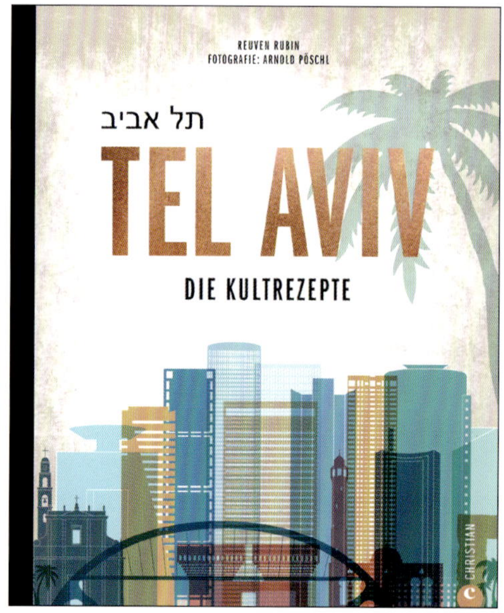

ISBN 978-3-95961-254-8

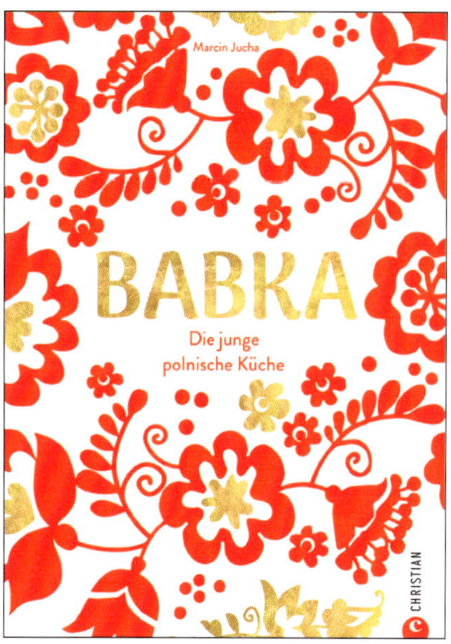

ISBN 978-3-95961-546-4

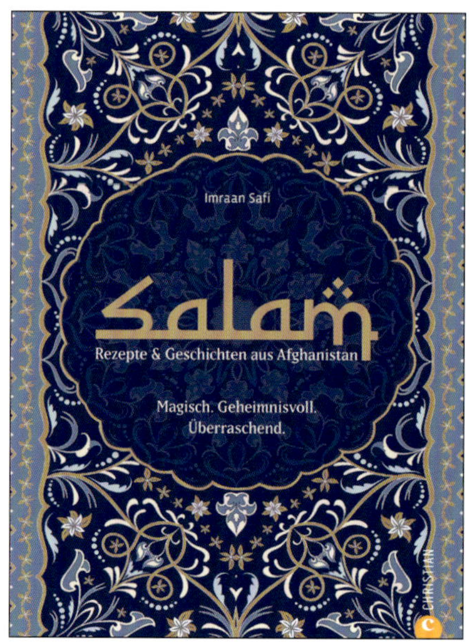

ISBN 978-3-95961-541-9

FREDERKING & THALER
www.frederking-thaler.de